PARERGA

Philosophie und andere Künste

Ute Guzzoni

NICHTS

Ute Guzzoni

Nichts

Bilder und Beispiele

PARERGA

Die Deutsche Bibliothek – CIP-Einheitsaufnahme

Guzzoni, Ute:
Nichts : Bilder und Beispiele / Ute Guzzoni. - 1. Aufl. -
Düsseldorf : Parerga, 1999
ISBN 3-930450-39-9

Erste Auflage 1999
© Parerga Verlag GmbH, Düsseldorf
Alle Rechte vorbehalten – Printed in Germany
Umschlaggestaltung: Martin Schack, Dortmund
Herstellung: WB-Druck, Rieden am Forggensee
ISBN 3-930450-39-9

Das sinnende Denken durchscheint die wesentlichen Erfahrungs-
bereiche wie Morgenlicht, das die Nacht verwahrt, damit es den
Tag ergebe – und alles so, als sei es nichts. –

(Heidegger, Aufzeichnungen aus der Werkstatt)

Inhalt

Einführung

Scheinbar läßt sich über das Nichts nur – nichts sagen. Doch mannigfache Weisen des Nichts und der Nichthaftigkeit unterlaufen und durchstimmen alle Dinge so, wie sie konkret in der Welt sind. Sie müssen sich darum auch im Blick auf die Welt und die Dinge in Bildern und Geschichten sichtbar machen und zur Sprache bringen lassen. Wir – und alle Dinge mit uns – sind jeweils an einem bestimmten Ort und zu einer bestimmten Zeit. Doch die Orte wechseln, eine Zeitspanne folgt auf die andere. Menschen verlassen uns, wir verlieren Dinge und Geschehnisse aus den Augen. Mannigfach betrifft uns Abwesendes, – mögliches, vergangenes, ersehntes. Hinter dem Gesagten und Gehörten breitet sich Stille und Schweigen aus. Lichter verlöschen in der Finsternis. Eine Gelegenheit kehrt nicht wieder. Ein Stein kommt ins Rollen, ein Blatt löst sich vom Baum. Eine Hoffnung wird enttäuscht. Eine Wunde schmerzt. Oder auch: ein Licht blitzt auf. Ein Traum geht in Erfüllung. Eine Begegnung wiederholt sich. Ein Stern fällt. Das Nichthafte ist weder bloß nichtig noch bloß negativ. Es ist im Anheben und Aufhören, im Anderen und Fremden, im Bestimmtsein, in Gegensatz und Widerspruch. Es ist in der Distanz und im Zwischenraum, ist zwischen den Jeweiligen und in jedem Einzelnen selbst. Das Nichthafte bedroht und tröstet, bewegt und unterbricht, ist im Erinnern und im Vergessen. Wo etwas ist, da ist auch Nichthaftigkeit, um es herum und in ihm; kein Sein begegnet, ohne daß da nicht ein Raum des Nichts wäre, aus dem und in dem es ist.

Es war Parmenides, der zu Beginn des fünften Jahrhunderts vor unserer Zeitrechnung – entschiedener, als das jemals später wieder geschah, und doch zugleich maßgeblich für das ganze nachfolgende abendländische Denken – das Nichts und die Nichthaftigkeit aus dem Sein bzw. dem Denken des Seins ausschloß. Damit hat er unser faktisches, endliches Leben ebenso wie die Welt dessen, was uns alltäglich umgibt und begegnet, aus dem Bereich des Denkens und der Wahrheit ausgegrenzt und ausgrenzen wollen. Die Dinge sind aber in sich und unter sich jeweils so und nicht so, einmal hier, einmal dort, das Veränderliche ist erst, dann nicht mehr, das Endliche ist Gegenwärtiges zwischen einem Nochnichtsein und einem Nichtmehrsein. Die Qualität, die Räumlichkeit und das Zeitlichsein dessen, was ist, implizieren in vielerlei Hinsicht eine Verflechtung von Sein und Nichts bzw. Nichtsein.

Und wie die Welt und die Dinge, so sind die Menschen seinshaft und nichthaft zugleich, sie sind und sind nicht, sind so und anders, werden geboren und sterben, sind zusammen und trennen sich, kommen an und nehmen Abschied, erinnern sich und vergessen. Dadurch, daß sie um den Anfang und das Ende, um Veränderung und Wechsel, Fehlen und Verfehlen, Abwesenheit und Leere *wissen*, sind sie in besonderer Weise Wesen der Grenze, sie tragen Sein und Nichtsein bewußt in sich und verhalten sich ständig zu den vielfältigen Übergängen beider. Ihre Gedanken und ihre Gefühle richten sich auf etwas, das da, und anderes, das nicht da ist, auf Nahes und Fernes.

Wer das Nichts, das Nichtsein und die Nichthaftigkeit zur Sprache zu bringen sucht, stellt sich gegen die uralte abendländische Absolutsetzung von Sein und Bleiben, von Haben und Halten, für die Besitz und Seßhaftigkeit das natürliche Bild sind. Aber es ist wohl an der Zeit, unser endliches Uns-befinden in einer Welt, die eine bunte und vielfältige ist, auch für das philosophierende Denken ernstzunehmen, und d.h. unsere geduldige und gelassene Aufmerksamkeit auch und gerade auf die bewegten und übergänglichen Dinge und unser sterbliches In-der-Welt-sein mitten unter ihnen zu richten. Damit auch auf das Schweigen, die Unsichtbarkeit, die Abwesenheit, auf den Augenblick und das Augenblickliche im nichthaften Raum, auf das Wohnen und das Wandern, auf Herbst und Abend, das Altwerden und den Tod.

Die beiden ersten Teile dieses Buches gehören eng zusammen. In ihnen steht der Bezug zwischen dem Jeweiligen, Erstaunlichen und dem Raum der Nichthaftigkeit im Vordergrund. Das dritte Stück versucht darauf hinzuweisen, wie einige japanische Lackbilder auf ihre Weise das Nichts und die Nichthaftigkeit als das Unsichtbare im Sichtbaren sehen lassen. Im vierten Teil, der in drei Stücken das Zwischen von Himmel und Erde thematisiert, geht es scheinbar nicht um Nichthaftigkeit und Nichts; unausdrücklich aber impliziert jenes Zwischen eine ausgezeichnete Erfahrung der „positiven Nichthaftigkeit" des sinnlich-sinnhaften In-der-Welt-seins. Der fünfte Teil umspielt die Zeitlichkeit und das Vergehen des Menschen und seines Lebensraumes.

Die Texte des ersten Teils sind abwechselnd Sätze aus dem „Kleinen Prinzen" von Saint-Exupéry (einmal zusammen mit einem Stück aus „Die Lehren des Don Juan" von Castaneda) und japanische Haiku; der zweite Teil geht abwechselnd von Haiku und von Gedichten – von Rilke, Brecht und Benn – aus. Dem vierten Teil liegen teilweise Prosatexte zugrunde (aus: Celans Büchnerpreis-Rede, Hebels Briefen, Nietzsches „Also sprach Zarathustra", Heideggers „Hebel – Der Hausfreund") sowie ein Gedicht von Rilke. Die Überlegungen dieses Teils haben einen etwas anderen – vielleicht „philosophischeren" – Charakter, sie sind auch länger als die vorhergehenden und nachfolgenden Ausführungen. Unter den neun Stükken des letzten Teils lassen sich noch einmal drei von einem Haiku ansprechen, vier gehen von Gedichten aus (Hölderlin, Brecht, Eichendorff und ein altägyptisches Gedicht), eine Passage ist einem (von einer Indianerin geschriebenen) Roman entnommen, und am Ende steht noch einmal ein Satz aus dem „Kleinen Prinzen". Die Abbildungen, die im dritten Teil betrachtet werden, geben Bilder auf japanischen Lackarbeiten wieder (vier Schreibkästen und eine Medizindose), die sich im Metropolitan Museum of Art in New York und im Museum für Ostasiatische Kunst der Stadt Köln befinden.

1. Das Schweigen, die Unsichtbarkeit, die Abwesenheit

I.

„Oh, ich habe sehr gut verstanden", sagte der kleine Prinz, „aber warum sprichst du immer in Rätseln?"/ „Ich löse sie alle", sagte die Schlange./ Und sie schwiegen.
(Saint-Exupéry, Der Kleine Prinz, 83)

Ein mondfarbener Ring bewegt sich im Wüstensand. Der kleine Prinz, verwirrt und einsam, sagt aufs Geratewohl „guten Abend". Auf dem Boden schlängelt sich ein merkwürdiges, fingerdünnes Ding. Doch ein Ding, das ihn versteht: Die Schlange begreift ohne viele Worte, was sich dahinter verbirgt, wenn der kleine Prinz, auf die Frage nach dem Grund seines Hierseins, antwortet: „Ich habe Schwierigkeiten mit einer Blume". Sie *sieht* durch seine Worte hindurch, sieht die unsichtbare Schönheit des Planeten, von dem der kleine Prinz gekommen ist, und der Rose, die er dort zurückgelassen hat. „Ah", sagt die Schlange.

Er ist gerade erst angekommen auf der Erde. Doch auch diese Ankunft noch bleibt durchstimmt von der schmerzhaften Ferne zu seinem heimatlichen Stern und zu der Rose, die er liebt und die er gerade darum verlassen mußte. Das Wesen, das ihm als erstes begegnet auf der Erde, ist zugleich dasjenige, das ihm auch helfen kann (und wird), wieder von ihr fortzugehen, – nach einem Jahr, wenn sein Stern erneut über ihm stehen wird. Die Schlange wird ihm helfen, wenn die Sehnsucht zu groß geworden sein wird. Gleichwohl wird diese Hilfe ein Schmerz sein. Der Tod, den sie schenkt, bedeutet sowohl die Angst des Abschieds vom Irdischen und Leibhaften wie das Glück der Rückkehr zu Stern und Rose.

„Was ich berühre, gebe ich der Erde zurück, aus der es hervorgekommen ist." Die Schlange bewegt sich an der Schwelle zwischen Sein und Nichtsein, mit ihrer Hilfe kann diese Schwelle überschritten werden. Ihr Können ist die Macht der Grenze, die Macht des Überwindens der Grenze, eine unsägliche, unaussprechliche Macht. „Ich kann ...", sagt die Schlange. Es scheint, als setze sie an, das Unaussprechliche auszusprechen. Doch in diesem „ich kann ..." liegt schon alles, zumal, wenn es vor dem Hintergrund jenes Berührens gesagt wird. Wieder bedarf es keiner weiteren, erklä-

15

renden Worte. „Oh, ich habe sehr gut verstanden", sagt der Kleine Prinz.

In dem Zwischenraum zwischen diesen beiden Äußerungen, dem „ich kann ..." und dem „ich habe verstanden", kommt das Geheimnis des Todes – nicht zu Wort, aber vielleicht zur Sprache, wenn anders auch das Schweigen in die Sprache gehört. Ein Sprechen, das sich aus diesem Zwischenraum speist, spricht in Rätseln. Die Rätselhaftigkeit des Sprechens der Schlange liegt darin, daß sie in Bildern spricht, daß sie das, was sie sagen will, nicht auf den Begriff bringt, sondern in konkreten Bezügen äußert: „Wen ich berühre, den gebe ich der Erde zurück", „Ich kann dir eines Tages helfen, wenn du dich zu sehr nach deinem Planeten sehnst".

Das sind eigentlich keine Rätsel im strengen Sinne. Es sind nicht einmal Umschreibungen. Sie sagt auch nicht einfach: „Ich kann dir den Tod geben." Stattdessen: „Ich kann ..." Eine Wiederholung des schon in jenen beiden Wendungen Gesagten. Die Rätsel, in denen die Schlange spricht, sind keine Denkaufgaben, sie verrätselt nicht einen an sich klaren Sachverhalt, um ihn dem Blick zu entziehen oder um zu der Anstrengung seiner Enträtselung herauszufordern. Sie spricht in Rätseln, die Rätsel bleiben, obgleich – oder weil – der kleine Prinz verstanden hat. „Warum sprichst du immer in Rätseln?" fragt er, aus seinem Verstehen heraus. „'Ich löse sie alle', sagte die Schlange."

Die Lösung der Rätsel, in denen die Schlange spricht, liegt in dem in ihnen Gesagten selbst: sie lösen sich selbst. Die Schlange löst die Rätsel, indem sie das in ihnen rätselhaft Gesagte *tut*, – nicht nur zur Sprache, sondern in die Welt bringt. Diese Lösung ist es, die in dem rätselhaften Sprechen selbst angezeigt ist; was es *nicht* sagt, ist das, was geschieht. Zugleich aber zeigen die Rätsel eben dadurch, durch diese Lösung, auch über das Können hinaus, das in den Worten angezeigt war. Der Biß der Schlange, dieser winzige Augenblick eines winzigen „gelben Blitzes", löst das Rätsel des Auf-der-Erde-seins, das Rätsel der Einsamkeit, das Rätsel der Sehnsucht.

Daß die Schlange das Vermögen hat, den Tod zu schenken, daß sie ein Wesen der Schwelle zwischen Sein und Nichtsein ist, gibt dem Gespräch etwas Schwebendes, eine Dimension des Unausgesprochenen, eines gelassenen Schweigens, das der offene Raum ist, in dem sich das Gesagte bewegt und der das Gesprochene unterläuft und trägt. „'Ich löse sie alle', sagte die Schlange. Und sie schwiegen." Die Schlange ist und spricht aus diesem Schweigen, und sie holt diejenigen, mit denen sie spricht, in dessen Stille ein.

II.

Als tiefes Schweigen
Und Pause zwischen Gästen
Die Bauernrosen.
(Buson)

Schweigen kann sehr unterschiedlich sein. Es gibt das glückliche Schweigen zwischen Menschen, die sich verstehen und sich still aneinander und miteinander an Anderem freuen. Es gibt das peinliche Schweigen, wenn eine entscheidende Frage, eine Anklage oder Klage im Raum steht. Betretenes Schweigen, wenn etwas gesagt wurde, was besser nicht gesagt worden wäre. Das erwartungsvolle Schweigen, bevor ein Ereignis eintritt, ein Rätsel gelöst, ein Geheimnis gelüftet wird. Oder das ruhige, gleichsam gestillte Schweigen, nachdem alles Nötige gesagt und getan wurde. Das Schweigen der Nacht und das Schweigen des Todes. Ein Schweigen breitet sich aus, sagt man. Der Raum ist erfüllt von Schweigen, er wird selbst, als dieser weite Raum, spürbar im Schweigen. Das Schweigen kann lastend werden, wenn in ihm die Bedeutungslosigkeit des Raums zwischen denen, die da nur scheinbar zusammen sind, fast greifbar aufdringlich und bedrohlich wird. Das Schweigen der Leere kann einen Möglichkeitsraum schaffen oder fühlbar machen, aus dem Ungeahntes, Erhofftes oder gefürchtet Drohendes aufstehen wird.

Hier könnte es so sein: Ein tiefes Schweigen ist entstanden, das Gespräch ist verstummt. Das Schweigen breitet sich still zwischen den Gästen aus, die eben noch in ihrer Unterhaltung aufgingen, die sprachen und zuhörten, entgegneten, widersprachen und zustimmten. Eben noch war ein Gespräch im Raum, Worte gingen hin und her, Fragen und Antworten, vielleicht auch Scherze, Lachen. Bis – unversehens vermutlich – eine Pause entsteht. Ein Zeitraum, der sich auftut im Feld der Äußerungen und Entgegnungen, eine Zwischenzeit des Schweigens.

Tiefes Schweigen – das kann der Raum einer durchgängigen Stille sein, ein Raum, in den dann, gleichsam gesammelt, ein Laut einfällt. Hier ist es ein Zwischenraum, eine Stille, die zwischen zwei Lauten entsteht oder, besser, sich zwischen sie hineinlegt: eine Pause. Eine solche Pause kann gewollt sein oder unwillkürlich entstehen; zuweilen wartet man auf ein bestimmtes Wort, eine Äußerung, ein bestimmtes Geschehen, das Kommen eines neuen Gastes z.B. Wenn die Pause ein tiefes Schweigen ist, dann scheint das Gespräch erstorben, allmählich oder auch plötzlich ins Stocken geraten, vielleicht durch ein Erschrecken oder eine Freude, durch eine gemeinsame Einsicht oder eine Frage. Dadurch, daß das Schweigen als Pause erscheint, bekommt es einen betont zeitlichen Charakter, es ist eine Zwischenzeit innerhalb des Gesprächs.

Stille. Leere Zeit. Und doch auch nicht leer. Denn – da sind die Bauernrosen. Die aus der Stille blühenden, glühenden Bauernrosen. Sie sind wie der Akzent des Schweigens, das Schweigen sammelt sich um die und in die Üppigkeit ihres roten Blühens. Die gelöste Entspannung der Pause versammelt den Blick auf ihr Von-selbst- und Als-sie-selbst-da-sein. Die Pause des Schweigens entläßt wie mit einem Doppelpunkt in den Anblick der Bauernrosen. Nichts mehr als dies, das rote Blühen, die Bauernrosen. Nicht, als hätten *sie* die Redenden verstummen lassen. Als hätten sie das Geplauder oder die Gespräche vertrieben. Das Schweigen entstand wie von selbst, war auf einmal da. Dann aber ist es zugleich, als hätten die Worte für die Rosen Platz gemacht, als wären sie vor ihnen zurückgetreten, um den Raum für sie und nur für sie empfänglich zu machen.

Dieses Schweigen ist somit leer und erfüllt zugleich. Ein Nichts voller Intensität, voller Seinsfülle – die Bauernrosen. Versuchte man, sich ihnen eigens zuzuwenden, sie näher zu bestimmen, irgendetwas über sie zu sagen, so wäre das Schweigen gestört, die Intensität geschwächt, der Zauber des langen Augenblicks der Pause gebrochen. Es ist ja nicht so, als käme es da in irgendeiner Weise auf diese Rosen an, oder auf diesen Garten, diesen Spätnachmittag, diese Gäste. Es geht nicht um sie in irgendeiner Bewandtnis, die es mit ihnen haben könnte. Und zugleich geht es doch nur um sie, um das bloße Dasein von all diesem, – gesammelt in den Bauernrosen, im gesammelten Schweigen, im Nichts der Pause.

III.

„Du mußt sehr geduldig sein", antwortete der Fuchs. *„Du setzt dich zuerst ein wenig abseits von mir ins Gras. Ich werde dich so verstohlen, so aus dem Augenwinkel anschauen, und du wirst nichts sagen. [...] Aber jeden Tag wirst du dich ein bißchen näher setzen können ..."*
(Der Kleine Prinz, 93)

Ich erinnerte mich an den Fuchs. Man läuft Gefahr, ein bißchen zu weinen, wenn man sich hat zähmen lassen ...
(ib. 110)

„Die Pfeife wurde mir von meinem Wohltäter gegeben, und nach so vielen Jahren des Umgangs mit ihr gehört sie mir. Sie ist in meine Hände gewachsen. [...] Ich wiederum werde sie an dich weitergeben. Aber erst mußt du mit ihr vertraut werden. Jedesmal wenn du zu mir kommst, werde ich sie dir geben. Zuerst berühre sie nur. Halte sie nur einmal zuerst, bis ihr euch aneinander gewöhnt. [...] Der erste Schritt ist, die Pfeife gerne zu haben. Das braucht Zeit!"
(Castaneda, Die Lehren des Don Juan, 59f.)

Geduldig, verstohlen, näher. Zähmen, sich vertraut machen und vertraut werden, sich aneinander gewöhnen. Berühren, halten, gernhaben. Ich will versuchen, vom Fuchs zu lernen und dieses Wachsen und Aufbauen einer Beziehung aus dem Augenwinkel anzuschauen.

Zum Sich-einander-vertraut-machen gehören die langsamen Bewegungen, die langsamen Zeitabläufe, die Geduld. „Die Zeit, die du für deine Rose verloren hast, sie macht deine Rose so wichtig." (Der Kleine Prinz, 98) Was ist das, verlorene Zeit? Sich Zeit nehmen füreinander, Zeit verlieren füreinander – beides ist das Selbe. Die für den Anderen verlorene Zeit ist keine vertane, keine verschwendete Zeit, vielmehr eine Zeit, die man sich genommen hat, um sie dem Anderen zu schenken. Daß man dem Anderen seine Zeit, seine Aufmerksamkeit, seine Zuneigung schenkt, folgt nicht allein aus dem Gewicht, das man ihm oder der Beziehung zu ihm gibt; diese Wichtigkeit ergibt sich ihrerseits auch aus dem Geschenk von Zeit, von Aufmerken und Zugeneigtsein. Das sachte Berühren, das behutsame Einander-näherkommen, das Sich-aneinandergewöhnen sind nicht auf ein Ziel aus, das jenseits ihrer liegt, vielmehr sind sie vor allem eben dieser Weg zum Anderen und erfüllen sich in ihm. Die Wichtigkeit der Rose liegt nicht zunächst in ihr selbst, sondern in der Zeit, die für sie verloren, ihr geschenkt wurde, in der sie anwesend war.

Das Mitgehen mit dem Anderen braucht es, daß die miteinander Gehenden einander Raum und Zeit schenken. Hat man dem Anderen seine Zeit geschenkt, sich Zeit für ihn genommen, so hat man diese Zeit mit ihm geteilt, man ist eine Zeitlang mit ihm gemeinsam gegangen. Damit hat man auch ein Stück eigenes Leben bei ihm gelassen, ein Stück von einem selbst, das jetzt bei ihm liegt, sogar unabhängig davon, ob er es in die Acht nimmt oder nicht. Der Raum, den man dem Anderen einräumt, ist Raum vom eigenen Raum, macht man ihm Platz, so geht es um Orte, Strecken und Felder, die zugleich die eigenen sind.

Wenn der Andere mir Zeit schenkt – Zeit verliert für mich – und mir Raum gibt, lerne ich, heimisch zu werden in seiner Nähe, – einer Nähe, in der er durchaus auch der Ferne und Fremde zu bleiben vermag: „in die Nähe kommen zum Fernen", sagt Heidegger. (Zur Erörterung der Gelassenheit, 45). Die lange Weile des Zähmens ist die Zeit, die es zu solchem Heimischwerden braucht. Gerade weil sie lang ist und Geduld braucht, kann sie auch die Fremdheit bei sich zulassen oder in sich einlassen, muß sie das zuvor Unvertraute nicht zum schlechthin Bekannten machen, kann sie ihm seinen eigenen Raum einräumen und belassen. Ob es dann dazu kommt, daß das zuvor Ungewohnte – wie die Pfeife – in die Hände oder – wie der geduldige Fremde – ans Herz wächst, das wird sich ergeben.

Das Unsichtbare, Unhörbare, Unbetretene ist ein nichthafter Raum, in den auch der vertrauteste Bezug noch ausgesetzt ist. Die Gefahr, ein bißchen zu weinen, wenn man sich hat zähmen lassen, ist darum mehr als eine vage Gefahr, der Schmerz des Getrenntseins stellt sich nicht nur beim realen Abschied ein, sondern gehört zum Bezug als solchem: Die Nähe bleibt Ferne. „Die Sterblichen *sind*, das sagt: *wohnend* durchstehen sie Räume auf Grund ihres Aufenthaltes bei Dingen und Orten." (Heidegger, Bauen Wohnen Denken, 157) Dieses Durchstehen, zu dem sowohl ein Hier wie ein Nicht-hier wie auch weder ein Hier noch ein Nicht-hier gehören, bestimmt auch das Miteinandersein, den vertrauten Umgang miteinander.

Auch das ans Herz oder in die Hand Gewachsene bewahrt seine eigene Zeit und seinen eigenen Raum. Anders gesagt: die Ferne eines Zwischenraums und einer Zwischenzeit bleibt bestehen. Ich denke, daß unterschiedliche Lichter nur wirklich etwas miteinander zu tun haben können, wenn ein Dunkel zwischen ihnen ist, – und sei es auch ein unsichtbares. Erst der – räumliche und zeitliche – Abstand der Töne ergibt, auch wenn er noch so unhörbar scheint, die Melodie. „Der Mensch geht auf dem Erdboden, indem er auf ihn tritt. Aber nur durch den Boden, auf den er nicht tritt, kann er große Entfernungen zurücklegen." (Tschuangtse, aus: Laotse, 76)

Nur wenn Nichts zwischen ihnen ist, können die Jeweiligen sich aufeinander beziehen. Doch es gilt auch: nur wenn sie sich – durch den nichthaften Raum hindurch – aufeinander beziehen, können sie Jeweilige, Einzelne, Selbständige sein. „Eine unabhängige Stimme existiert nur in bezug auf eine andere Stimme." (Sennett, Civitas, 281) Im Widerspruch zu Hegel, für den Unabhängigkeit Unbezüglichkeit auf anderes heißt – „wenn ich abhängig bin, so beziehe ich mich auf ein anderes, das ich nicht bin [...] Frei bin ich, wenn ich bei mir selbst bin." (Die Vernunft in der Geschichte, 55) – ist für ein endliches Denken diese Stimme erst und nur dann ganz sie selbst, wenn sie sich auf eine andere – ebenso unabhängige – Stimme bezieht. Die Stimme ist nur, wenn sie durch den Raum hindurch spricht, sich hinüberträgt zu einem Anderen. Spricht sie nicht zu einem, und d.h. richtet sie sich nicht durch ein Zwischen auf jemand, der hören und antworten, also auch seinerseits ansprechen kann, so geht sie fehl, geht ins Leere. Sie ist dann ein Gehen, das weder ankommen noch haltmachen kann, ist richtungslos, irrend. Denn die Stimme, genauer: der sprechende und ansprechende Mensch ist ein Wesen des Bezugs. Gerade darum und nur darum vermag er unabhängig zu sein. Nur so kann er *sich* auf die andere Stimme beziehen. Wenn Unabhängigkeit, geistige Unabhängigkeit zumal, bedeutet, sich von sich aus für oder gegen etwas, eine Richtung, einen Einfluß, ein Tun entscheiden zu können, so ist darin immer – und sei er auch noch so fern oder der Bezug zu ihm noch so unausdrücklich – ein Anderer mitgemeint.

Man kann das auch so sagen: Die Stimme, die spricht, kann das nur in einem Raum tun, der Zwischenraum ist, d.h. in dem auch andere Stimmen sind und Platz haben, in dem ein Miteinandersprechen und Zusammenstimmen möglich ist. Ohne dies wäre der Raum im wörtlichen Verstande sinn-los. Hätten sich keine Verständigungen in diesem Raum ausgespannt, wäre er nicht ein sinnhaftes Beziehungsgewebe, so trüge die Stimme nicht von einem Ort zum anderen. Unartikuliertheit, Isolation, radikale Einzelheit bedeuteten zugleich eine bestimmungslose Indifferenz.

Eine unabhängige Stimme existiert nur im Miteinander und Untereinander. Sie bedarf der Bezüge zu den Anderen, mit und unter denen sie ist, um sie selbst, um unabhängig zu sein. Kann ich nicht zu einem Du sprechen, so spreche ich gar nicht; höchstens fließe ich dann über. Streng genommen bin ich dann selbst kein Ich, schon weil ich kein Du bin. Das „in bezug auf" meint nicht allein den Bezug, der von mir ausgeht und zu einem Anderen hinüberträgt. Sondern auch den, der bei mir ankommt, der mich anspricht, mich als sein Woraufhin annimmt. Auch seiner bedarf meine Unabhängigkeit. Um wirklich unabhängig, je einer von zweien oder mehreren zu sein, und nicht bloß in einem Allgemeinen aufzugehen, wird jeder von uns je er selbst und für den Anderen sein. „Für den Anderen" hat aber diesen zweifachen Sinn: gegeben für den Anderen *und* dem Anderen gebend.

IV.

Diesen Weg
geht niemand
an diesem Herbstabend.
(Bashô)

Dichter Regen rinnt.
Von dem Ufersaum des Sees
ist nichts mehr zu sehen.
(Bashô)

Regennacht.
Kein Mond.
Nie war er so schön.
(Toyotama Tsuno)

Niemand, nichts mehr, kein. Kein Mensch, kein Ufer, kein Mond.
Jeweils ein Nichtsein, eine Verlassenheit (des Weges und damit der
ganzen Gegend), eine Unsichtbarkeit (des Ufers, das sich hinter
Regenschleiern verbirgt), eine Finsternis (das Verdecktsein des
Mondes durch die Regenwolken in der Nacht). Zugleich ist jeweils etwas da, so aber, daß es nicht da ist, – und doch nicht eigentlich fehlt, in dem Sinne, daß es vermißt oder ersehnt, daß ihm
nachgetrauert würde. Es ist anwesend als abwesend, aber nicht im
Sinne einer „Beraubung", eines Verlustes. Drei Landschaften, in je
unterschiedlicher, besonderer Stimmung, jeweils bestimmt durch
Abwesenheit.

*

Zunächst – ein dämmernder Herbstabend. Eingezeichnet in ihn
ein Weg. Darin sammelt sich die tristesse, das Verdämmernde des
Abends, der voll ist von Herbst, von Abschied, von Nichtigkeit.
Ein Weg, nichts sonst. Woher und wohin unbestimmt. Auch um
ihn herum läßt sich nichts Bestimmtes ausmachen, alles ist zurück-
genommen in das abendliche Grau. Nur ein Weg.
    Ein Weg, den jetzt niemand mehr geht. Nicht, als sei er über-
haupt ein unbegangener Weg. Aber jetzt, in der Abenddämmerung,
ist da niemand mehr, der ihn geht. Was ist das, ein Weg, den niemand geht? Hört er nicht auf, ein Weg zu sein? Ist er ein Nichts an
Weg? Oder nur ein Weg, der ein Nichts an Gehen ist? Ein leerer
Weg. Man sieht den Weg, – und man sieht zugleich, daß niemand

ihn geht. Er selbst drängt, da er als Weg ein Gehen ruft, dieses Nicht auf, dieses Nicht-mehr, diese Leere. Im Blick auf den Weg wird das Nicht des Gegangenwerdens selbst sichtbar. Eben das ist der Herbstabend. Er sammelt sich verdämmernd im Nichtdasein von Gehenden auf dem daseienden Weg. Anwesende Abwesenheit (jedes Gehenden) auf dem Anwesenden (dem Weg).

Diesen Weg geht niemand. Ist diese Abwesenheit der Gehenden oder des Gehens auf dem abendlichen Weg eine zeitliche oder eine räumliche? Die Schritte der miteinander oder einzeln den Weg Benützenden sind verhallt, sie sind in ihre Häuser eingekehrt. Der Weg liegt verlassen da. Sein Dasein atmet das Vorübergegangensein der Schritte und Tritte. Das Gehen des Weges ist Vergangenheit geworden. Zugleich macht die Gewißheit, daß die zuvor hier Gehenden jetzt anderswo, in der Geborgenheit ihrer Wohnungen sind, die räumliche Präsenz des „liegengebliebenen" Weges zum Anwesendsein einer Abwesenheit. Im daseienden Weg, der das Nichtdasein der auf ihm Gehenden sichtbar macht, sind Zeitliches und Räumliches innig ineinander verschränkt.

Die Erfahrung der Abwesenheit ist kein „objektives" Feststellen oder Konstatieren. Der Blick, in dem sich das Dämmern des Herbstabends fängt, ist ein mit Herbststimmung und mit Abend erfüllter Blick. Ein Blick, der in seinem Sehen des Weges zugleich ein Nichtdasein zu erfahren vermag. Das objektive Konstatieren könnte lediglich feststellen, daß, wenn es das Gesehene mit dem vergleicht, was es zu sehen erwartete, etwas fehlt. Aber es kann nicht die Abwesenheit selbst sehen. Dazu bedarf es der Erfahrung, eines Sicheinlassens, Sich-einstimmens. Diesen Weg geht niemand an diesem Herbstabend. Spricht das Gedicht aus der Perspektive des Weges selbst, den niemand begeht? Ist es seine Stimmung, vielleicht seine Einsamkeit, die hier zu Wort kommt? Dann hieße, das Nicht-gehen zu *sehen*, auf den Weg selbst, auf sein Gestimmtsein einzugehen, in gewisser Weise selbst ein Gehender auf dem nicht begangenen Weg zu werden, sich selbst der Nichthaftigkeit zu überlassen.

*

Sodann – im dichten Regen ist das Ufer des Sees nicht zu sehen. Zwar ist das Ufer da, wir *wissen*, daß Land und See zweierlei sind, getrennt durch den Ufersaum. Doch der Regen fällt mit einer alles einhüllenden und verhüllenden Intensität, nur noch er und nichts anderes sonst scheint da zu sein. Allumfassende Anwesenheit des Regens. So sehr alles durchdringend und überdeckend, daß das, was „hinter" ihm ist, in die Abwesenheit wegschwindet oder zu schwinden scheint. Vom Ufer ist nichts mehr zu sehen. Die Linie, die das Wasser vom Land trennt, ist bloß noch ein Gewußtes, sie hat ihr sinnliches Dasein verloren. Ein Nichts von Ufer, nichts davon ist mehr – nur noch – zu sehen. Im Regen, im sichtbaren Regen ist zu sehen, daß nichts mehr zu sehen ist, – nur noch Regen.

Himmel, Erde und Wasser gehen ineinander über. Das Wasser des Himmels, der Regen, und das Wasser der Erde, der See, sind nicht mehr zu unterscheiden. Alles ist Wasser. Alles verschwimmt in einer Unbestimmtheit, in der kein einzelnes Seiendes, weil keine Grenze, kein Umriß mehr sichtbar ist. Der Blick kann nicht mehr sagen, wo dieses beginnt und jenes aufhört, er verliert sich in Unbestimmtheit, in Nichthaftigkeit.

Insofern geht es auch hier um eine Abwesenheit, auch wenn die Abwesenheit des Seeufers im Regen eine ganz andere ist als die der Gehenden auf dem Weg am herbstlichen Abend. Dichter Regen rinnt. Vom Ufer des Sees ist nichts mehr zu sehen. Es ist da und nicht da. Der See hat ein Ufer, – das wird nicht nur rational gefolgert, sondern gehört untrennbar zu der unmittelbaren Erfahrung, daß da überhaupt ein See ist, zum Wissen um die Seelandschaft. Aber der Blick trifft auf kein Ufer, ihm ist kein Ufer gegeben und präsent. Es ist da und nicht da. Anwesend in der „Realität", abwesend im Blick, der die Realität aufnimmt, wie sie sich darbietet.

*

Und nun – der abwesende Mond. Dunkle Nacht. Nicht einmal die Wolken sind zu sehen. Regenschwere Finsternis. Mondnacht ohne Mond. Es regnet und regnet. Die Schwärze der Nacht vertieft sich von Augenblick zu Augenblick durch das Geräusch des stetig fallenden Regens, das den Raum ganz zu erfüllen scheint.

Kein Mond. Oder doch ein Mond? Was heißt: kein Mond? Ist von keinem Mond, also vom Mond einfach *nicht* die Rede? Oder zieht er vielmehr, indem sein Nichtdasein selbst präsent ist und sich fast gebieterisch aufdrängt, gerade als unsichtbarer die Aufmerksamkeit auf sich? Was besagt es, auf das Abwesende aufzumerken? Wohin geht der Blick, der sich auf das Abwesende konzentriert? Gehört zum Blick nicht die Präsenz, das Dasein, die Anwesenheit? Kann man das Unsichtbare sehen, den Mond, der durch die Regenwolken verhüllt ist?

Kein Mond. Und gleichwohl: Nie war er so schön. Schönheit scheint Sichtbarkeit zu implizieren. Kann der Mond in seiner Schönheit sichtbar sein, wenn er nicht da ist? Nie war er so schön anzusehen wie heute, da er nicht zu sehen ist. Ist er so schön wie nie, *weil* er unsichtbar ist? Wie *kann* er dann schön sein? Ist das eine rein vorgestellte Schönheit, die Erinnerung an eine Schönheit, die Idee der Schönheit des Mondes? Aber könnte man dann sagen, er wäre nie so schön gewesen wie jetzt, wie in dieser tiefdunklen Nacht? Kein Mond. Nie war er so schön. Es scheint, als könne der Mond in seiner Verborgenheit und Abwesenheit entborgener und anwesender sein als in seiner unmittelbaren Anwesenheit und Unverborgenheit. Seine Schönheit bedarf nicht der Sichtbarkeit der Anwesenheit. Die würde sie in eine begrenzte Gestalt zwingen, sie gewissermaßen an den besonderen Mond schmieden, der gerade heute über den Himmel zieht. *So* schön war er nie; denn er war immer nur auf diese oder jene Weise schön, war hier und jetzt. Ist er aber anwesend als Abwesender, so öffnet sich der Raum für seine Schönheit in unbegrenzter Weite.

V.

„Die Sterne sind schön, weil sie an eine Blume erinnern, die man nicht sieht ..." ...
„Es macht die Wüste schön", sagte der kleine Prinz, „daß sie irgendwo einen Brunnen birgt." ...
„Ja", sagte ich zum kleinen Prinzen, „ob es sich um das Haus, um die Sterne oder um die Wüste handelt, was ihre Schönheit ausmacht, ist unsichtbar!"
„Ich bin froh", sagte er, „daß du mit meinem Fuchs übereinstimmst."
(Der Kleine Prinz, 104ff.)

Das ganz einfache Geheimnis, das der Fuchs dem kleinen Prinzen zum Abschied schenkt, ist bekannt: „Man sieht nur mit dem Herzen gut. Das Wesentliche ist für die Augen unsichtbar." Doch was heißt „für die Augen unsichtbar"? Und vor allem: was ist „das Wesentliche"? Aristoteles unterscheidet das für unsere Sinne, aber nicht an ihm selbst Sichtbare von dem an ihm selbst, aber nicht für uns Sichtbaren. Meint der Fuchs diesen Unterschied? Geht es ihm um die metaphysische Differenz zwischen Sinnlichem und Unsinnlichem, zwischen Erscheinung und Wesen? Wohl kaum.

Achten wir darauf, wovon der Fuchs, der kleine Prinz, der Flieger sagen, es sei für die Augen nicht sichtbar, dann zergeht der metaphysische Anschein des „Wesentlichen". Was „man nicht sieht", das ist das, was jeweils die Blume und den Brunnen, aber auch das Haus, die Wüste und die Sterne zu einem Besonderen, gerade und nur in seiner Besonderheit Wesentlichen und Wesenden macht, was ihre Schönheit ausmacht. Das Haus hat seine Schönheit daran, daß es „ein Geheimnis auf dem Grunde seines Herzens" birgt (106). Die Rose hat ihre Schönheit daran, daß der kleine Prinz seine Zeit für sie verloren hat und daß er für sie sterben könnte. Die Wüste ist dadurch schön, daß sie irgendwo einen Brunnen birgt. (Vgl. auch: „Eine unsichtbare Frau kann ein ganzes Haus verzaubern; ein ferner Brunnen wirkt weit, weit, so weit wie die Liebe." Saint-Exupéry, Wind, Sand und Sterne, 249) Und der Brunnen selbst ist schön, weil sein Wasser aus dem Gang unter den Sternen, aus dem Gesang seiner Rolle, aus der Mühe der Arme entspringt.

Der Mond in der Regennacht ist schön, weil er erträumt und ersehnt wird, als ein Geheimnis, das die Regenwolken verbergen, das aber eben darum auch in ihnen geborgen ist, aufbewahrt, dem Herzen bereitgehalten. „Aber die Augen sind blind. Man muß mit dem Herzen suchen." (Der kleine Prinz, 108) Doch sind die Augen nur dann blind, wenn sie sich vom Herzen lossagen, wenn sie nicht mehr suchen, nur noch zu sehen vorgeben, wenn sie sich also auf dasjenige versteifen, was sich optisch auf der Netzhaut abbildet. In Wahrheit vermögen die Augen viel mehr zu sehen und zu erblikken. Die Dimension des Herzens, innerhalb deren die „unsichtbaren" Dinge, der Brunnen, der Mond, die Wüste sichtbar werden – „man sieht nur mit dem Herzen gut" –, diese Dimension ist keine jenseitige, keine über- oder auch nur unirdische. Das Herz sieht auch – obzwar nicht nur – mit den Augen, hört mit den Ohren, tastet mit den Fingerkuppen. (Es kann hier auf Heidegger, Der Satz vom Grund, verwiesen werden: „Weil unser Hören und Sehen niemals ein bloß sinnliches Aufnehmen ist, deshalb bleibt es auch ungemäß zu behaupten, das Denken als Er-hören und Er-blicken sei nur als Übertragung gemeint, nämlich als Übertragung des vermeintlich Sinnlichen in das Nichtsinnliche. [...] Wenn unser menschlich-sterbliches Hören und Blicken sein Eigentliches nicht im bloß sinnlichen Empfinden hat, dann ist es auch nicht völlig unerhört, daß Hörbares zugleich erblickt werden kann, wenn das Denken hörend blickt und blickend hört." (88f.) Allerdings scheint mir die Rede vom *bloß* sinnlichen Empfinden" nur aus dem Zusammenhang her vertretbar.)

So besagt Sichtbarkeit hier viel mehr als das, was man zunächst und unmittelbar mit den Augen sieht. Man sieht zugleich auch dies: den Gang unter den Sternen, die liebende Fürsorge, die Sehnsucht, den Durst, das gewahrte Geheimnis. Diese Sichtbarkeit geht einher sowohl mit Erfahrungen gefühlten Fehlens wie mit Erfahrungen gefühlten Nahehabens. Das sorgsame Blicken, das aufmerkende Zuhören, das tastende Spüren gehören immer zu jenen Erfahrungen hinzu. Ohne die Sinne sind sie nichts.

Warum dann die „Unsichtbarkeit" der Schönheit von Haus, Sternen und Brunnen betonen? Weil die Schönheit – und die Stimmigkeit, das Zu-etwas-gehören, die Zusammenstimmung – eben das ist, was auf anderem Wege als (auch) mit dem Herzen nicht wahrzunehmen ist. Das heißt nicht, daß sie unsinnlich, unabhängig von den Sinnen wäre. Aber es heißt, daß die sinnliche Wahrnehmung eine „herzhafte" sein muß, die Sinne müssen gewissermaßen in die „Herzlichkeit" eingelassen bleiben, ihr zugehören.

„Dann stell dir, und nur dir selbst, eine Frage. [...] Ich will dir sagen, wie sie lautet: Ist dieser Weg ein Weg mit Herz? [...] Wenn er es ist, ist der Weg gut; wenn er es nicht ist, ist er nutzlos. Beide

Wege führen nirgendwo hin, aber einer ist der des Herzens, und der andere ist es nicht. Auf dem einen ist die Reise voller Freude, und solange du ihm folgst, bist du eins mit ihm." (Castaneda, Die Lehren des Don Juan, 88)

Vielleicht gehört, daß Don Juans Weg mit Herz nirgendwo hinführt und sich – äußerlich – von jedem anderen Weg nicht unterscheidet, mit der Unsichtbarkeit, die der Fuchs meint, zusammen. Die gelingenden Dinge und die gelingenden Erfahrungen sind in dem Raum einer Offenheit angesiedelt, in dem sich wegen seiner Nichthaftigkeit nichts fixieren, nichts nachweisen läßt. Aber zugleich *ist* er und ist diese Nichthaftigkeit nur in den Dingen und Erfahrungen und als sie. Nur das „Erde, du liebe, ich will" (Rilke, 9. Duineser Elegie) vermag sich auf die Offenheit und Unsichtbarkeit einzulassen.

VI.

Segelboot entschwand,
und der Herbsttag scheint schon weit
vorgerückt zu sein –
(Buson)

Ein entschwindendes Segelboot, – das Eintreten einer Abwesenheit, das Anfangen eines Nichtseins. Der Blick folgt dem kaum noch sichtbaren Segelboot am Horizont, verfolgt seine Spur, bis „nichts" mehr von ihm zu sehen ist. Das ist anders, als wenn man z.B. die Sonne im Meer verschwinden sieht. Zwar gibt es auch da diesen merkwürdigen Augenblick der Grenze, wo nicht mehr etwas und noch nicht nichts zu sehen ist. Aber beim Segelboot läßt sich noch schwerer sagen, wann man wirklich nichts mehr sieht. Weil man die Spur weiter verfolgt, ins Nichts hinein. Das Segelboot entschwand, – das heißt nicht einfach nur, daß es nicht mehr da ist, sondern daß es den Blick in den weiten Raum des Nichts hineinzieht. Aus dem Hier fällt es ins Nichts und nimmt unseren Blick mit sich.

Doch das Segelboot entzieht sich nicht nur, – es erhält sich zugleich in einer gewissen Realität, der Realität seines Dagewesenseins. Nicht, daß das hinter dem Horizont verschwundene Segelboot jetzt anderswo ist, ist seine eigentümliche Realität, sondern daß es da war und *nicht mehr da ist*, zugleich aber als Dagewesenes *doch noch da ist*. Es wird zwar nicht in dem Sinne anwesend *gemacht*, daß es gerufen, ersehnt, also als anwesend hergefühlt oder hergedacht würde, gleichwohl *bleibt* es anwesend, auch wenn es verschwunden ist, solange seinem Hiergewesensein wie seinem Entschwundensein nach-gedacht wird.

Zugleich kommt aus dem nichthaften Raum, in den das Segelboot sich entzog, – und gerade in diesem Entzug – etwas entgegen, nämlich der herbstliche Abend. Man könnte zwar auch sagen, daß ineins mit dem Segelboot der Herbsttag selbst sich entzieht, entschwindet. Aber daß er schon weit vorgerückt ist – zu sein scheint, was das Schwebende und Verschwebende noch eindrücklicher macht –, heißt eben auch und vielleicht zunächst, daß er uns schon weit entgegengekommen ist, schon fast zur Gänze angekommen und – abgelaufen ist. Sein Ankommen selbst ist sein Ablaufen, sein Entschwinden ins Gewesene. Der Zeit-Raum unserer eigenen Anwesenheit, innerhalb dessen das entschwindende Segelboot sich uns

in die Abwesenheit entzieht, ist der Raum einer selbst sich entzie-
henden Zeit, – des Herbsttages, der geht, indem er kommt, und
kommt, indem er geht.

2. Augenblick und Augenblickliches im nichthaften Raum

I.

So hin und wieder
Sich den Wacholder anschaun
In Winterruhe.
(Bashô)

So hin und wieder. So hin und wieder schauen. So hin und wieder sich den Wacholder anschauen.

Wacholder. Der Blick auf den Wacholder. Einmal, und dann noch einmal – manchmal. Hin und wieder hinschauen. Hin und wieder den Wacholder anschauen. So hin und wieder sich den Wacholder anschauen.

So hin und wieder. Zeitmomente, kaum abgehoben, kaum herausgehoben aus dem Fluß der Zeit. Ab und zu, hin und wieder, dann und wann – zuweilen, manchmal. So hin und wieder. Zeitlinien. Im Schauen zeichnen sie sich ein in den Zeitraum. Man kann nicht eigentlich sagen, wann. Weder jetzt, noch dann, noch damals. Ab und zu eben, hin und wieder. Das „so" unterstreicht noch die Unbestimmtheit und Unfaßbarkeit.

Eine Bestimmtheit ist gleichwohl da, sie liegt im Wacholder, auf dem der Blick hin und wieder ruht, auf dem er zur Ruhe findet. Insofern skandiert der Blick, das Hinschauen auf den Wacholder, der Wacholder selbst die Zeit und bringt sie zugleich zur Ruhe. Sie ordnet sich still um den Blick, ist die Winterruhe, in der er wie unversehens auf den Wacholder fällt, Wacholderblick wird. So hin und wieder den Wacholder anschauen in Winterruhe.

Die Winterruhe ist wie ein großer und weiter Raum, – der weite Raum, in dem überhaupt etwas Platz greifen, ein Sehen und Gesehenwerden geschehen kann. Sie gibt den Hintergrund, den Untergrund, vor und auf dem sich etwas abzeichnet, sich als es selbst zeigen kann. Sie ist auch die Zeit, in der etwas bei dem, der in ihr weilt und schaut, ankommt. Die große Gelassenheit des Blicks, der sich in die Winterruhe einläßt, wohnt in ihrem Raum und ihrer Zeit.

Eine stille, weiße Winterlandschaft. Darin, hier und da, ein Wacholderbusch. Schwarze Schatten im weißen Schnee. So hin und wieder fällt der Blick, nein, richtet sich der Blick darauf. So hin und wieder sich den Wacholder anschauen in Winterruhe.

II.

Bangnis
Im welken Walde ist ein Vogelruf,
der sinnlos scheint in diesem welken Walde.
Und dennoch ruht der runde Vogelruf
in dieser Weile, die ihn schuf,
breit wie ein Himmel auf dem welken Walde.
Gefügig räumt sich alles in den Schrei:
Das ganze Land scheint lautlos drin zu liegen,
der große Wind scheint sich hineinzuschmiegen,
und die Minute, welche weiter will,
ist bleich und still, als ob sie Dinge wüßte,
an denen jeder sterben müßte,
aus ihm herausgestiegen.
(Rilke)

Zwölf Zeilen. In ihrer Mitte ein Schrei. Der Schrei eines Vogels im herbstlich müden Wald, ein Vogelruf. Das Gedicht atmet gleichwohl die Spannung der Spannungslosigkeit. Welk – sinnlos – gefügig – lautlos – bleich – still, – Worte, die sich selbst zurückzunehmen scheinen. Ein fahles Licht im welken Wald, dessen hinfälliges Welksein in der dreimaligen Wiederholung etwas Lastendes bekommt. Eine unbestimmte Stunde, Müdigkeit liegt über allem, lähmt den Schritt und die Gedanken.

Im welken Wald ist ein Vogelruf, – auch das ist merkwürdig unbestimmt gesagt, keine genaue Ortsangabe, keine Zeitbestimmung und keine Dauer, keine nähere Beschreibung. Im Wald ist ein Ruf. Er breitet sich aus, ist überall und doch nirgendwo. Er gehört nicht dorthin, gibt keinen Sinn, hat keinen Platz. Und ist doch da. Ist in der Weite und Breite und in der Weile des Waldes, ertönt durch den Raum und aus der langen Zeit, in der er dahinwelkt und dahinweilt.

Es ist eine gegenwendige Bewegung, in der sich die ausgebreitete Spannungslosigkeit des bangen Nachmittags ausspricht. Sein Weilen sammelt sich im Ruf, ruft aus ihm heraus, wird selbst zum Schrei; der Vogelruf ruht in der Weile des lang-bangen Nachmittags und wird so selbst weit über dem Wald. Aber zugleich liegt alles, das ganze Land, der weite Raum, der große Wind in diesem Ruf, räumt sich in ihn ein, gibt sich in diesen Schrei, in das ganz Andere gegenüber dem lautlos hingebreiteten Land. Der vertönende

Augenblick in der langen Weile, doch gegenwendig auch der weite Raum in dem kleinen vergänglichen Augenblick. So weitet sich der Augenblick selbst zu einer Weile, einem dauernden Zeitraum, der gleichwohl Zeitraum des Augenblicks bleibt. Die vorübergehende, weitergehende, meßbare Zeit, die Minute, schleicht sich still aus diesem Augenblick des Schreis heraus; sie ist alt und bleich vor Wissen, verhängnisvollem Wissen, Wissen des Verhängnisvollen. Wissen von Vergehen und Wiederentstehen und Wiedervergehen, welkem Wissen. Eben darum schleicht sie aus ihm fort.

III.

Über dem Felsenweg
geht langsam die Sonne auf.
Überall duften Pflaumenzweige.
(Bashô)

Eine Pflaume fällt.
Alle Frösche hören jäh
zu quaken auf.
(Senryu)

Ein Weg, ein Felsenweg, ein steiler, steiniger Weg in den Bergen. Graues Frühlicht, verdämmernd noch die Höhen und Täler, die Wälder und Wiesen, vielleicht im zarten Frühnebel. Dann plötzlich – der erste Sonnenstrahl, der erste Augenblick, das Herüberkommen der Sonne über den Bergrand. Gleich darauf: alles eingetaucht in Licht. Der Moment davor, nach der Unbestimmtheit des noch Grauen, vor der Bestimmtheit des Tages mit ihren bestimmten Linien und getrennten Farben, war ein Moment blendender Unbestimmtheit, wo die Luft in ihrem Leuchten noch Vorrang hatte vor den Dingen in ihr. Doch dann: die Sonne. Eine von der Tiefe heraufkommende Spur, die sich im Hiersein erfüllt, Anwesenheit wird im Augenblick des Aufleuchtens. Spiegelt dieser Aufgang der Sonne, ihr erster Strahl nicht in gewisser Weise den Untergang, ist das Aufgehen nicht fast so etwas wie ein umgekehrtes Untergehen und Aufhören?

Aber dieses Aufgehen ist nicht alles; für sich wäre der Sonnenaufgang gewissermaßen noch heimatlos. Es findet seinen Raum im Duft der Pflaumenblüten. Wie sonst nur manche nächtlichen Geräusche – das an- und abschwellende Quaken der Frösche, der ununterbrochene Gesang der Zikaden – haben die Düfte – und auch hier vielleicht vor allem die nächtlichen – diese merkwürdige Allräumlichkeit, ein Raumerfüllendes, Raumdurchdringendes. Der Duft der Pflaumenblüten, ein ganz und gar rosafarbener Duft: die Fülle des Raums, in dem die Sonnenscheibe über den Bergrand steigt.

*

Eine Pflaume fällt. Was hier geschieht, ist nicht leicht zu sagen. Es fällt ja nur eine Pflaume. Reif geworden, löst ihr Stiel sich vom Zweig, sie fällt auf den Boden. Die kleine Frucht macht ein kleines

Geräusch im Gras, kaum wahrnehmbar. Sicher nichts, was die Frösche, die am Teichrand hocken und ihre Liebesgefühle herausquaken, erschrecken könnte. Und doch: alle hören jäh zu quaken auf. Das jähe Aufhören ist ein jähes Anfangen: das Eintreten der Stille. Das ist der Augenblick des Gedichts, die nichthafte Grenze zwischen dem Froschgequake und der Stille. Keine Spur, kein Nachlauschen, kein Entschwinden, kein allmähliches Enden. Dieses Aufhören ist auch etwas anderes als nur das Gegenteil zum Aufgehen der Sonne. Vielleicht ist es nicht einmal ganz angemessen, zu sagen, das Quaken *höre auf.* Damit könnte noch die Bewegung eines Weggehens des Geräuschs gemeint sein. Aber hier ist mit einem Schlag alles Lautliche vorbei. Plötzliche Stille, eine Stille allerdings, die sich auch gewissermaßen zwischen den Fröschen erstreckt, die diese selbst in den Raum hinaushalten, so wie sie umgekehrt in ihr ihren Ort erhalten.

Eine Pflaume fällt – und die Welt ist verwandelt. Es erinnert ein wenig an den Glasbläser bei Benn: der eine Schlag – und er entscheidet. („Blase die Welt als Glas, als Hauch aus einem Pfeifenrohr: der Schlag, mit dem du alles löst: die Vasen, die Urnen, die Lekythen, – dieser Schlag ist deiner und er entscheidet." Der Ptolemäer, 214) Oder man denkt an den Moment des Anschießens des Kristalls, des Ausfallens einer Flüssigkeit. Verschiedene Bilder für stets dieselbe Unsagbarkeit: ein ins Nichts gehaltenes augenblickhaftes Geschehen, hier das augenblickhafte Anfangen des Nichtmehrseins des Quakens in dem kleinen Ereignis der fallenden Frucht, das Hörbarwerden seines Nicht-mehr-hörbar-seins. Eine Pflaume fällt; jäh hören die Frösche zu quaken auf.

IV.

Der Rauch
Das kleine Haus unter Bäumen am See.
Vom Dach steigt Rauch.
Fehlte er,
Wie trostlos dann wären
Haus, Bäume und See.
(Brecht)

Ein Bild: ein kleines Haus mit rauchendem Schornstein, Bäume, ein See. Die einzelnen Teile fügen sich freundlich zueinander, alles wirkt vertraut, zueinander gehörig. Ein lebendiges Bild, an dem nichts fehlt. Jeden Augenblick, so meint man, könnte jemand vor die Tür treten.

Schaut man genauer zu, so ist es vor allem ein winziges Detail, das dem Ganzen seine Lebendigkeit und Vertrautheit gibt: der Rauch, der aus dem Schornstein steigt und sich zwischen den Stämmen der Bäume verliert. Zunächst fällt er gar nicht näher auf, dieser Rauch, so sehr gehört er in das Bild. Aber trotz dieser Unscheinbarkeit bestimmt er die Szene. Wo Rauch ist, da ist ein Feuer, da ist Wärme, da leben Menschen.

Doch – wie eine Wolke, die sich vor die Sonne schiebt, ist plötzlich der Gedanke oder die Vision, fast die Angst da, man könnte auch *keinen Rauch* sehen. Im selben Augenblick ändert sich das ganze Bild, alles. Zu denken, der Rauch wäre nicht da, hieße, viel mehr als den Rauch, vor allem: die Menschen weg- und aus dem Hause hinauszudenken. Was wäre aus den Bewohnern des Hauses geworden, wenn der Schornstein kalt wäre? Wären sie fortgezogen, vertrieben, gestorben? Wäre da vielleicht ein einsamer Mensch krank, nicht einmal mehr fähig, das Feuer im Herd anzufachen?

Würde dem Bild der Rauch genommen, so wäre mit einem Schlag eine tote aus der lebendigen Szene bzw. diese wäre jedenfalls eine andere geworden. Obgleich das nur ein winziges Detail zu sein scheint, dieser weiße, aufsteigend sich verlierende Rauch. Höchstens eine Zutat, ein Akzent vielleicht, mehr nicht. Wie aber die stille Oberfläche eines Sees durch ein kleines, hineinfallendes Blatt gestört wird, wie ein Katalysator geheimnisvoll, ohne selbst einzugreifen, anderes zum Reagieren bringt, wie eine glückliche Stimmung durch ein einziges Wort oder eine Reminiszens getrübt werden, ein seit Jahren nicht gesehenes Gesicht in einem Nu die Ängste, die es einmal bedeutete, wieder erstehen lassen kann, so vermag das für sich unbedeutende Detail des Rauchs das ganze Tableau zu verändern: indem er da ist, ist Leben da, ein vertrautes Geschehen, Wohnlichkeit. Und umgekehrt: fehlte er, so würde mit einem Schlag aus einer erfüllten Szene ein bloßes Abbild. Diesem kleinen Weltausschnitt fehlte nicht einfach nur einer seiner Bestandteile. Zwar wäre alles andere noch da, Haus, Bäume und See, aber sie wären trostlos, sagt Brecht, das Bild verlöre sein Tröstliches.

„Wenn einer eine Blume liebt, die es nur ein einziges Mal gibt auf allen Millionen und Millionen Sternen, dann genügt es ihm völlig, daß er zu ihnen hinaufschaut, um glücklich zu sein. Er sagt sich: Meine Blume ist da oben, irgendwo ... Wenn aber das Schaf die Blume frißt, so ist es für ihn, als wären plötzlich alle Sterne ausgelöscht!" (Der Kleine Prinz, 39) Es „kann nichts auf der Welt unberührt bleiben, wenn irgendwo, man weiß nicht wo, ein Schaf, das wir nicht kennen, eine Rose vielleicht gefressen hat oder vielleicht nicht gefressen hat ..." (123)

Glücklich oder trostlos. Die Färbung der Welt, der Stimmungsraum, die Welt selbst werden von einem Augenblick zum anderen andere. Was hell war, wird dunkel, was vertraut war, fremd, was tröstlich, trostlos. Und doch bleibt so gut wie alles so, wie es vorher war. Ein Augenblick entscheidet über alles und nichts. „Nichts hat sich verändert und doch ist alles anders."(Saint-Exupéry, Wind, Sand und Sterne, 315) Was da entscheidet, ist kein Wille, keine Absicht, nicht einmal ein Tun. Im Grunde ist es nur ein Gedanke, eine Phantasie, je nachdem eine Befürchtung oder eine Hoffnung, ein Andenken oder eine Begegnung. Und auch diese Benennungen sind noch zu ausdrücklich. Eher ist es wie der unvermutete Anflug eines Duftes, wie wenn der Schatten einer Wolke sich über die Landschaft legt, wenn ein leises, raumerfüllendes Geräusch verklingt. Das Bild des Ganzen wendet sich, wie wenn ein Blatt umgedreht wird. Die Wendung macht sich fest an dem Dasein oder Nichtdasein von etwas Sichtbarem, dem Rauch, oder von einem kleinen Geschehnis, dem Verhalten eines Schafes auf einem fernen Stern.

„Um ein Kleines", übersetzt Luther einmal. Und Adorno sagt zuweilen: „ums Ganze". Beides ist das Selbe. „Der Schlag, der alles wendet." Oder wir sagen: es geschieht im Nu. Ein Augenblick, der keine Zeitausdehnung, ein Ereignis, das keine Geschehnisstruktur mehr zu haben scheint. Da ist ein Rauch, – oder da ist kein Rauch. Da ist ein Bild tröstlicher Lebendigkeit, eines In-sich-gestillt- und Vertrautseins, – oder Haus, Bäume und See fallen auseinander, stehen isoliert nebeneinander und zeigen doch zusammen ein Fehlen, eine Leere an. Eine Rose – und das heißt auch: eine Liebe – wurde zerstört, – oder sie wurde nicht zerstört.

V.

Komm in die Hütte
Und bring vom Winde mit,
Der durch die Fichtenzweige weht.
(Bashô?)

Komm in die Hütte –. Ist das ein Ruf, eine Einladung, eine Bitte?
Oder wird nur still die Tür geöffnet, die Hütte selbst? Vor einem
Horizont von gelassenem Vertrauen, von Freundlichkeit und
Freundschaft: komm in die Hütte. Das heißt: komm zu mir, teile
mit mir – für eine kürzere oder längere Zeit – den Raum, den ich
bewohne. Tritt ein in den Bereich, der meiner ist, und in die Nähe,
die ich dir einräume. Komm zu mir nach Haus, in die Hütte.

Doch bring vom Winde mit. Bring von dem Wind mit, der durch
die Fichtenzweige weht. Bring mit, was draußen ist, was dich um-
weht. Bring das Wehen selbst mit herein, – wir brauchen seine
Unruhe und die Ferne, die in seiner Bewegung ist. Hat dich nicht
am Ende der Wind selbst hereingeweht, war er dir zumindest im
Rücken, läßt er mich grüßen? Das Innen der Hütte will nicht alles
sein. Laß uns gemeinsam den Raum für die Winde öffnen, die weither kommen und weithin gehen, und – die in den nahen Fichtenzweigen spielen.

Der Wind ist Wanderer. Er zieht durch die Lande und über die
Meere. Was er sieht und was er berührt, dessen Spur trägt er mit
sich fort: „Uraltes Wehn vom Meer, Meerwind bei Nacht". (Rilke)
„Es läuft der Frühlingswind Durch kahle Alleen, Seltsame Dinge
sind In seinem Wehn." (Hofmannsthal) „So schneeig weiß sind,
Nachtwind, deine Haare!" (Celan) „Und Stürme wehn umher und
Regenschauer." (Hölderlin)

Der Wind nimmt Düfte und Gerüche auf und mit, er treibt Blätter vor sich her, kühlt sich über Gletschern und wird heiß in der
Wüste. Er dreht sich zu Wirbeln und fegt über die Ebenen. Und –
er weht durch die Fichten, die um die Hütte stehen, er läßt die
Zweige den Mond verdecken, spielt mit ihrem harzigen Duft. Er
ist Meerwind, Nachtwind, Frühlingswind. Er ist Wind im Wald,
über der Heide, durch die Straßen. Er ist Brise und Bö, Windstoß
und Sturm. Er riecht nach Salz, nach Schafen, nach Regen, nach
den Fichten.

Darum: bring vom Winde mit. Der Wind soll nicht selbst und
unvermittelt in die Hütte einfallen. Aber etwas von ihm soll mit

hereinkommen, eine Erinnerung an ihn, sein Geschmack, seine sanfte oder wilde Berührung. Auch eine Lockung, eine Sehnsucht, ein Verlangen. Der hereingelassene Wind hört nicht auf, auch draußen, in den Fichtenzweigen zu wehen. Doch du, komm in die Hütte, und bring etwas vom Wind, von dem Raum, der draußen ist, mit herein.

Vielleicht sind in deinem Blick und in deiner Haltung noch die Klarheit und die Weite des Draußen, vielleicht umgibt dich das im Wind des Draußen Geschaute noch, hat sich an dich gehängt. Vielleicht mußt du blinzeln oder etwas fester auftreten, um ganz hier, drinnen und bei mir zu sein. Doch solltest du das Unterwegssein des Windes nicht zurücklassen, teil es mit mir, teil mir davon mit. Die Seinssicherheit des Zuhauseseins bedarf des Schwebenden, Ausprobierenden, Offenen der weiten Wege und Räume, des Unterwegsseins. Sein und Nichts gehören ineinander, es gibt sie nicht einfach nebeneinander. Sie durchdringen sich aber dadurch, daß wir Licht und Dunkles, Drinnen und Draußen, das Haus und die Welt, Ruhe und Unruhe, die Laute und die Stille sich ineinander spiegeln lassen. Darum: bring vom Winde mit, der draußen ist.

VI.

Astern
Astern – schwälende Tage,
alte Beschwörung, Bann,
die Götter halten die Waage
eine zögernde Stunde an.

Noch einmal die goldenen Herden
der Himmel, das Licht, der Flor,
was brütet das alte Werden
unter den sterbenden Flügeln vor?

Noch einmal das Ersehnte,
den Rausch, der Rosen Du –
der Sommer stand und lehnte
und sah den Schwalben zu,

noch einmal ein Vermuten,
wo längst Gewißheit wacht:
die Schwalben streifen die Fluten
und trinken Fahrt und Nacht.
(Benn)

Zögern. Eine zögernde Stunde. Ein Ansichhalten und Verhalten,
ein Atemholen, – doch (noch) zu keinem Weitergehen. Ein Anheben, die Sekunde vor dem nächsten Schritt, hinausgezögerter Anfang oder hinausgezögertes Ende. Die Waage, die im Begriff ist,
sich zur Seite des Vergehens zu neigen, – aber heißt das nicht gerade, daß die Zukunft gewinnt? Sie wird von weither angehalten.
Eine Zwischenzeit zwischen Gewesen und Kommen, die keine Zeit
mehr ist, hinausgezögerte, noch vorenthaltene Zeit. Die Zwischenzeit der Astern. Die Astern der Zwischenzeit. Die in den Astern
gesammelte zögernde Stunde.
    Auf der einen Waagschale das Schwälende und alt Gewordene,
die Herbsttage, sterbende Flügel, der Bann des Gewesenen. Auf
der anderen – wer weiß es? Das Noch-einmal, das alte Werden, die
Vergänglichkeit selbst scheint etwas auszubrüten. Eine Beschwörung dessen, was war, und des Vergehens selbst, einen Vorgeschmack
drohender Verwesung? Oder doch Ersehntes, hoffend Vermutetes,
Erfüllung? Etwas wird hervorgetrieben werden, der Lauf des Jahres drängt, und sei es zum Sterben.

Aber: noch, doch noch, noch einmal. Da ist ein Zögern in der Luft, ein Ansichhalten der angehaltenen Waage. „Und Schmetterlinge, März bis Sommerende, das wird noch lange sein." (Benn, Epilog III, 344) Die goldenen Herden der Himmel (die goldenen Wolken?) verheißen noch, das Licht, der Blütenflor, die Rosen sind noch rauschbereit. Da ist noch – noch einmal – Sommer, ist noch Blühen, ist noch Begegnung, – das Du der Rosen. Du.

Der Sommer stand und lehnte und sah den Schwalben zu. Der Augenblick, diese nicht faßbare Grenze zwischen Nicht-mehr und Noch-nicht, das Noch-einmal selbst hält inne, dehnt sich zur Weile, zum Verweilen, – des Sommers, der fast schon geht. Er hat sein Jahreswerk getan, sein Hiersein ausgeschöpft. In seinem Werden und Fortgang war er groß und fruchtbar, blühend und reifend. Jetzt aber hält er ein, schaut nur noch zu. Er stand und lehnte. Dadurch, daß nicht gesagt wird, woran er lehnt, erhält das Lehnen etwas Unbestimmtes, beinah Verträumtes. Ich sehe ihn an eine sonnenweiße Wand gelehnt, mit einem langen Schatten, ruhig, nachdenklich, ins Zusehen versunken. Stand und lehnte und sah den Schwalben zu. Eine große Distanz, ein langer Atem, Angehaltenwerden der Zeit.

Und sah den Schwalben zu. Die Schwalben in ihrem fast irren Kreisen, immer wieder niedertauchend zur Wasseroberfläche, im Flug sich hinabschwingend und wieder hinauf, pfeilschnell, doch immer im selben Schwung, im selben Sicheinschwingen, Sicheingeschwungenhaben in die Bewegung selbst. In diesem immer wiederkehrenden Kreisen heben sie das Kommende in sich auf, und lassen es zugleich erst geschehen. Die nahe Zukunft des Übergangs in die Nacht, die fernere des Aufbruchs in den Süden liegen schon in ihrem Fliegen, und sind doch in ihm noch aufgespart. Die Wiederkehr des Gleichen, der Rhythmus des Tages, des Jahres ruht in der Weile des innehaltenden Augenblicks der Flugbewegung, ruht durch den Blick des Sommers, der noch steht und lehnt.

Astern, schwälende Tage – – und trinken Fahrt und Nacht. Anfang und Ende eines Zögerns. Sich selbst durchstreichende Zeit-Spannen und Zeit-Worte, das sich zum Augenblick einer Weile dehnende Noch-einmal. Der Sommer, der stand und lehnte und den Schwalben zusah. Die Zwischenzeit von Astern und Schwalben.

VII.

Wie merkwürdig!
lebendig zu sein
unter Kirschblüten.
(Issa)

Hier scheint nichts von Nichts oder Nichthaftigkeit, alles von Sein, seliger Bejahung und Fülle zu sprechen. Kirschblüten – das heißt Frühling, der Traum von weißem Blühen um den schwarzen Stamm, von summenden Bienen, von schwebender Verheißung. Leben, Lebendigsein. Daß die Kirschblüten trotz ihres rosa Schimmers so überwältigend rein und weiß sind, so unberührt, so unwahrscheinlich in der dunkel-wirklichen Welt, macht, daß sie für das Frühlingshafte als solches, für das Beginnende, das Unschuldigsein stehen.

Es ist müßig, die Kirschblüten beschreiben zu wollen. Auch die unzähligen Haiku, in denen sie zu Wort kommen, tun das nur selten. (Dann z.B. so, daß sie von ihrem Leuchten sprechen. Eine andere Übersetzung dieses Haiku von Issa verschweigt die Kirschblüten und nennt nur den Blütenbaum: Seltsam ist es doch, / daß man hier am Leben ist, / unterm Blütenbaum!) Es kommt nicht darauf an, zu sagen, wie es ist, das Blühen der Kirschbäume. Vielmehr geht es um das Daß, darum, das bestürzende Dasein dieses Blühens zu evozieren oder zu imaginieren. Blühende Kirschbäume – das ist Sein, nichts als das. „Hiersein ist alles"; die Kirschblüten sind solches Hiersein, aber so, daß dieses Hier einen unendlich weiteren Raum zu erfüllen scheint als den, den sie „real" einnehmen. Sie sind Entgegenkommen von Fülle, sind An-wesen. Kaum sonst wird Leben in solcher Intensität vernehmbar wie im „Leuchten und Duften" dieses weißen Traums der Blütenwolke. „Ganz in fallende / Kirschenblüten eingehüllt, / träumend, stürb' sich's leicht –" (Etsujin). Ein solches Sterben wäre leicht, weil es in einer Dimension blühender Seinsfülle geschähe, darum weniger als Abschied, eher als Erfüllung erschiene.

Wie merkwürdig! lebendig zu sein unter Kirschblüten.

Warum sollte das merkwürdig oder seltsam sein, sich unter den Kirschblüten am Leben zu finden? Woher die Erstaunlichkeit dieses scheinbar Unscheinbaren?

Wir sind in unser Leben eingewöhnt. Wir wohnen in einer uns bekannten Welt. Das Immer-schon dessen, was wir alltäglich sehen und hören, läßt zwar Raum für bisher Nicht-Gehörtes und Nicht-Gesehenes, doch die Kategorien zu dessen Verständlichmachung liegen schon bereit, auch mit Fremdem und zunächst Befremdlichem machen wir uns gewöhnlich schnell vertraut. Und das ist auch gut so. Die oftmals anzutreffende philosophische Verachtung des Bekannten und Alltäglichen verkennt nicht nur die Notwendigkeit der Entlastung unseres Eingehens auf Sich-zeigendes dadurch, daß wir uns vorgängig zurechtfinden und allgemein Bescheid wissen, sondern auch die schützende Geborgenheit, die das Vertraute als solches bedeuten kann.

Gleichwohl trifft und betrifft uns zuweilen Erstaunliches. Wir stehen plötzlich vor etwas, das uns die Sprache verschlägt, das nicht nur in diesem oder jenem Sinne, sondern schlechthin anders ist, vielleicht geheimnisvoll, etwas, das uns aus den gewohnten Bahnen hinauswirft, weil es selbst aus ihnen herausfällt. Eben etwas, das uns staunen macht und uns vielleicht ehrfürchtig werden läßt. Etwas, das wunderbar ist, d.h. ein Wunder in sich trägt.

Durch das Erstaunen und Staunen geraten wir in einen Raum der Fremdheit und des Andersseins, einen Raum des Nichtausgelegtseins. In ihm spannen sich keine Verstehenslinien zwischen diesem und jenem aus, die Abstände, Maße und Ausmaße sind nicht gesichert, es ist nichts da, woran wir uns halten und auf das wir das vor uns Liegende zurückführen können. Insofern ist es ein Raum des Nichts. Er umgibt nicht allein die verwunderliche Sache oder das befremdliche Geschehen; vielmehr geraten wir selbst durch die Begegnung mit dem Erstaunlichen in die Offenheit eines Ungesicherten, Nichtshaften. „Mitten wir im Leben sind mit dem Tod umfangen", singt ein sehr altes Kirchenlied.

Die in unserer Kultur seit langem eingewöhnte, maßgebliche Haltung dem Erstaunlichen gegenüber ist der Versuch, es sogleich verständlich zu machen, also einen Weg einzuschlagen, auf dem es einzuvernehmen und zu vereinnahmen ist. Das Fremde soll vertraut, das Andere zum Eigenen, das Merkwürdige oder Seltsame zum Verständlichen, möglichst Selbstverständlichen gemacht werden. Der Nichts-Raum wird zugeschüttet, besser: zugelegt mit Wegen und Stegen, auf denen ein Herleiten und Erklären möglich wird.

Wie merkwürdig! lebendig zu sein unter Kirschblüten.

Das Denken hat den blühenden Baum – in seinem Leuchten und Duften – bisher noch nie dort stehen lassen, wo er steht, schreibt Heidegger einmal. (Was heißt Denken? 17f.) Umso weniger vermochte es, einfach vor und unter ihm lebendig zu sein, – und noch weniger, über dieses Lebendigsein unter den Blüten zu erstaunen. Das unbeschreibbare, erstaunliche Sein der Kirschblüten kann jedoch, wenn wir uns darauf einzulassen vermögen, zwischen uns und ihnen die Offenheit eines nichthaften Raums eröffnen, in dem nicht nur sie, sondern eben auch wir selbst die vorgegebene Verständlichkeit verlieren. So steht unversehens und überwältigend bezugslos allein dieses unvordenkliche, wundersame Faktum im Raum: daß wir lebendig sind unter Kirschblüten.

Umseitig:
Detail von einem Schreibkasten,
Schwarzlack, Goldstreudekor.
Shibata Zeshin, 1887
(The Metropolitan Museum of Art, New York)

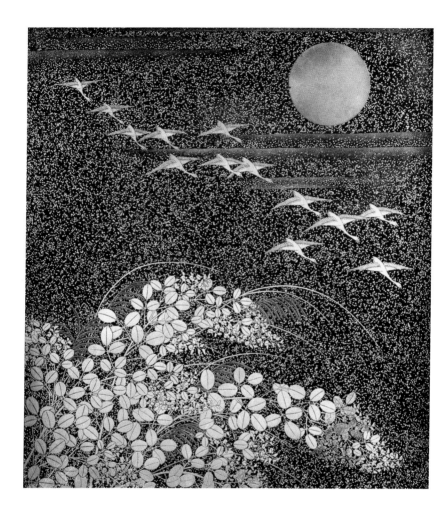

Umseitig:
Detail von einem Schreibkasten,
Schwarzlack, Streudekor.
Frühes 19. Jh.
(The Metropolitan Museum of Art, New York)

3. Das Bild läßt das Unsichtbare sehen

Als ob nichts geschehen wäre –. Es ist nichts geschehen.
Oder *ist* Nichts geschehen, geschieht *Nichts*?
     Wildgänse fliegen, Wolken und Flugsamen schweben, der Mond
geht auf. Gräser bewegen sich im Wind. Jeweils ein Geschehen,
eine Bewegung, ein Vorbeigehen. Spannungen durch Gegenbewegungen, – durch Diagonalen, die sich überkreuzen, durch erstaunliche Größenverhältnisse, durch Kontrastierung von Gold- und
Silberstreuung, durch den Gegensatz von großer Landschaft und
minimalen Dingen. Bilder, in denen sich Nichts zu etwas und zu
Beziehungen verdichtet, zu Dingen, mit denen nichts ist, die aus
Nichts sind, die in sich selbst die Nichthaftigkeit zwischen sich
und Anderem sichtbar werden lassen.
     Das Bild – sagt Heidegger – läßt als Anblick das Unsichtbare
sehen. (Vgl. „... dichterisch wohnt der Mensch ...", 200)   Das
Unsichtbare ist da nichts anderes als das Sichtbare, nur daß das
sichtbare Etwas auf das Unsichtbare, auf ein Nichtsein hin durchsichtig wird, das sich in ihm bricht und dadurch sichtbar wird.
Anrührungen. Mit einem Schlag, tout-à-coup – in einer Berührung,
die ins Herz trifft – touché, toccato, getroffen.
     Augenblicksaufnahmen, in denen sich die Bewegungen in eine
große Ruhe sammeln. Die Tauperlen auf den Gräsern, die einschwe-
benden Flugsamen, die Gegenbewegung zweier ferner Schwärme
von Wildgänsen, die Mondsichel im Schilf.
     Für mich gehören diese Gebrauchsstücke zum Schönsten, was
es an Bildkunst gibt: Begegnungen von Intensität und Nichthaftigkeit, nahe Entsprechungen zu manchen Haiku.

*

Ein heiteres Fehlen von Gewicht, von Bedeutung, wie ein unschul-
diges Augenaufschlagen. Zwar kommen und gehen Wolken, kommen *oder* gehen; aber es ist nicht auszumachen, ob sie so oder so,
von dieser oder von jener Seite, von oben oder von unten über die
Landschaft ziehen. Es bleibt offen, ob die beiden Flugsamen von
oben links her einschweben oder ob sie dem Lauf des Weges nach
oben rechts hinauf folgen. Oder ist es gar kein Weg, vielmehr nichts
als die Bahn, die sie im Entschweben nehmen? Die kleinen Blätter
spielen über dem Ganzen, einige etwas dunkler, als läge auf ihnen
der Schatten von anderen, kleinere und größere, fast Wölkchen

am Abendhimmel gleich; sie evozieren eine Leichtigkeit und schwebende Räumlichkeit, in der doch auch der kleine Wirbel möglich wird, in dem die kaum wahrnehmbaren drei Flugsamen unten links sich wie in einem Reigen bewegen, an der Schwelle zwischen Sichtbarkeit und Unsichtbarkeit, Hiersein und Nichthiersein. Nichthaftigkeit als Unbestimmtheit, als schwebendes Spiel, als Andeutung oder Versagung.

*

Eine Landschaft, angedeutet durch den sich windenden Flußlauf. Kein Horizont, keine feste Linie, keine Grenze zwischen Himmel und Erde. Die Mondsichel, abnehmend zwar, aber aufgehend, im Schilf, – Himmel im Irdischen. Einige Bambusblätter streichen vor dem Mond her, andere bleiben von ihm verdeckt. Möglich werdende Unmöglichkeit, wirkliche Unwirklichkeit, wahrnehmbare Immaterialität. Verbirgt der Mond sich, oder zeigt er sich? Zögert er, bevor er den Lauf über den offenen Himmel antritt, bevor er aus der Vertrautheit mit den spielenden Halmen heraustritt? Eine seltsame Verschwiegenheit in aller Offenheit. Zurücknahme im großen Ausdruck.

*

Erst dem zweiten, genaueren Hinsehen zeigt sich, daß die Wildgänse in der silbernen Vollmondnacht nicht fort-, sondern hereinfliegen, steil einfallend aus hoher Ferne. Achtet man auf diese Bewegung, so ist es, als vernehme man das Rauschen der Flügel, als erregten sie einen Wind, der die Gräser und Blattstengel sich neigen läßt. Die lang vorgestreckten Hälse der Vögel scheinen mit Eile dem Platz, an dem sie sich niederlassen werden, zuzustreben. Sie kommen an, bringen den Herbst, die Winterruhe. Kleines und Großes, zueinander in ein Bild gespannt, der einzeln-einzige Mond mit einigen schmalen Wolkenbändern, die seine Ferne noch herausheben, und das nahe Gewirr der Blätter. Im Zwischenraum zwischen Dort und Hier der Zug der Vögel, seinerseits fernher kommend zu den nahen Schlafplätzen. Zeitliche und räumliche Ferne und Nähe, rauschende Bewegung in der Stille der Nacht. Erwartung und Gestilltsein.

*

„Die Gegend versammelt, gleich als ob sich nichts ereigne, jegliches zu jeglichem". (Heidegger, Zur Erörterung der Gelassenheit, 41) Als ob sich Nichts ereigne: die Landschaft zwischen dem heiligen Berg in der Ferne und den vertrauten Hügeln in der Nähe. Ein

Bild, das eine große Stimmigkeit malt, eine herbstlich goldene Welt. Und das doch voller Widersprüche und Gegenbewegungen ist: Da ist das Gegenüber von hohem, steilem, silbernem Fudjijama in der Ferne und den runden, hingelagerten Bergkuppen im – scheinbaren? – Vordergrund. Beides scheint sehr weit voneinander zu sein, die Ferne noch unterstrichen von den Wolkenbändern, die sich verhüllend-enthüllend um den unnahbar scheinenden Berg legen; und doch reicht, wenn man näher zusieht, der Abhang des Berges bis zu den Hügeln hin, beide sind offenbar doch nicht, wie es schien, durch eine weite dunkle Ebene getrennt. Oder: die Hügellandschaft, die ganz nah zu sein scheint, so gut sind die Bäume an ihren Abhängen zu sehen, ist doch zugleich durch ein Wasser – ist es ein Strom? ein Meeresarm mit einer Halbinsel? – von dem Betrachter getrennt. Und die Wildgänse, – sie scheinen in zwei in einem weiten Bogen einander folgenden Zügen von weit, vom Fudji her zu kommen; zugleich sind sie so im Einzelnen auszumachen, daß die Richtung ihrer Hälse den Flugweg anzugeben vermag. Hinten und vorne, getrennt und verbunden, fern und nah, groß und klein. Und auch – sichtbar und (fast) unsichtbar: wer hätte bemerkt und gedacht, daß in dieser stillen Herbstnacht unter dem Mond einige Häuser ins Tal hingeduckt schlafen?

Ich weiß nicht, ob es, angesichts der fast ostentativen Nichtbeachtung perspektivischer Größenverhältnisse, zulässig ist, den Betrachter ins Spiel zu bringen. Aber nach langem Anschauen dieses Bildes scheint es mir, als schriebe es seinem Betrachter einen bestimmten Ort zu, eine Perspektive gewissermaßen aus der Landschaft heraus: ich sehe mich an einen Aussichtspunkt hoch über der Landschaft mit ihren herbstlichen Bäumen versetzt, von dem aus der ferne Fudji nah und die nahen Bergkuppen fern erscheinen.

*

Wie es ist, ist es. Wirklich? Ist das Bewegte bewegt? Ist, was in Ruhe ist, in Ruhe? Das Große ist groß nicht und klein nicht das Kleine. Was oben ist, kann unter uns, was unten ist, über uns sein. Die Gräser sind groß und gewichtig, der Mond ist klein und durchsichtig. Die Tauperlen sind in dem Augenblick festgehalten – aber das hört sich schon so gewaltsam, so eingreifend an –, in dem sie an den Halmen entlangfallen.

Nie war der Mond so schön, wie in dieser Nacht, da er verborgen blieb. Nie war sein volles Rund so durchsichtig, wie als die Gräser sich vor ihm im Winde neigten. Nie war die Stille, die Ruhe, die Gelassenheit so bewegungslos, wie als der Wind durch das Susuki-Gras fuhr und die Tautropfen zur Erde rollten.

4. Der Raum zwischen Himmel und Erde

I.

„Wer auf dem Kopf geht, meine Damen und Herren, – wer auf dem Kopf geht, der hat den Himmel als Abgrund unter sich."
(Celan, Der Meridian, 14)

Den Himmel als Abgrund? Mit Abgrund assoziieren wir gewöhnlich Tiefe, ein bodenloses Unten. Zuweilen nennen wir allerdings auch den Himmel einen Abgrund, dann nämlich, wenn wir ihn als die unermeßliche Weite des Raumes verstehen, dessen Tiefe nicht zu ergründen ist und dessen Grenzenlosigkeit schwindeln macht. „Der blaue Abgrund, die unermessene Tiefe des Himmels" ist unauslotbar, er bietet weder dem Blick noch dem Gedanken einen Halt.

Doch kann der Abgrund des Himmels *unten* sein? Das Abgründige weist in das tiefe Unten. So besagt z.B. auch die Rede von den Abgründen der Seele, daß die Seele unergründlich tief ist, daß in ihr alles versinkt, wie ein Stein, der in den Abgrund geworfen wird. Abgrund ist, wo der Grund sich entzieht, wo der gewohnte Boden sich jäh verloren hat und der Fuß strauchelt. Abgründe tun sich in den Tiefen der Erde auf, zwischen den höchsten Gipfeln der Berge oder im Meer, wo Strudel das Schiff in den Untergang ziehen. („Noch wiegt es die Flut, – gleich holt es der Abgrund ..." Es mag mit einem tief eingewurzelten Grauen vor dem Abgrund zusammenhängen, daß das Sprechen von ihm so leicht etwas Klischeehaftes bekommt, gleich als wolle man das Entsetzende selbst von sich fernhalten.)

Zwischen diesen Abgründen und dem Himmel scheint ein unaufhebbarer Gegensatz zu bestehen. Der Himmel ist das, was am meisten und in ausgezeichnetem Sinne oben ist, er erscheint als das Oben schlechthin. Wir vermögen ihn zwar als unermeßlichen Abgrund zu erfahren, nicht aber als etwas, das unter uns ist.

Wer auf dem Kopf geht, der hat den Himmel als Abgrund unter sich. Für den, der auf dem Kopf geht, scheint das Oben zum Unten geworden zu sein. Was er oben sah, Vogelflug und Bahn der Gestirne, das bewegt sich jetzt unter seinen Füßen. Richtet er dagegen seinen Blick nach oben, über sich, so stößt er dort, wo er sich zuvor in der grenzenlosen Weite verlor, an die Grenze der Erde.

Oder ist es anders? Bleibt der Himmel oben und die Erde unten, ob er nun mit den Füßen oder auf dem Kopf geht? Betrifft die Umkehrung nur ihn selbst? Bleibt der Himmel *über ihm*, – nur daß das jetzt heißt: über seinen Füßen?

Wie steht es genauer mit der Unterscheidung von oben und unten, mit ihrem Bezug auf Erde und Himmel einerseits und auf den Gehenden und Stehenden, den Wandernden und Wohnenden andererseits? Oben und unten sind zum einen relative Bestimmungen. Zwischen dem äußersten Oben und dem äußersten Unten erstreckt sich eine Unendlichkeit von „weiter oben" und „weiter unten". Jede Stelle in diesem Zwischenraum ist sowohl oben wie unten, je nachdem, von wo aus sie gesehen oder worauf sie bezogen wird. In diesem Sinne sagen oben und unten nichts über die konkrete Beschaffenheit der Seienden aus, sondern bestimmen nur ihre jeweilige Lage im Raum. Sie sind relativ aufeinander und auf den Standpunkt des Betrachters. Die Unterscheidung nach oben und unten gibt eine der grundsätzlichen Möglichkeiten der Orientierung im Raum (zu denen auch die „subjektiveren" Unterscheidungen nach vorn und hinten und nach links und rechts gehören).

Zum anderen sind oben und unten Bestimmungen und Differenzierungen des konkreten Raumes unserer Erfahrung, d.h. des Raumes zwischen Himmel und Erde. Von jedem Punkt der auf die Erdmitte gerichteten Vertikalachse aus ist alles, was sich darunter befindet, unten, was darüber ist, oben. Zwar ist nichts an ihm selbst und absolut unten, nichts letztlich oben; gleichwohl geben Erde und Himmel – auf je verschiedene Weise – die äußersten Grenzen von oben und unten ab. Die Erde ist das Unten, auf das alles Untere zugeordnet bleibt, der Himmel das Oben, dem alles Obere sich annähert. Oben – das kann überall zwischen der Erde und einem idealen, äußersten Oben des Himmels sein. Der Himmel, sein fernes Blau erscheint als das Oben selbst; doch auch die Wolken sind oben, die Gipfel der Berge, die Baumkronen, die Dächer. Und selbst am scheinbar äußersten „Unten", an der Erde, lassen sich noch obere und untere Schichten unterscheiden. „Dieses obere Ende der Erde erblickt man zu seinen Füßen, wie es an die Luft stößt, das untere dagegen erstreckt sich ins Unermeßliche", meinte Xenophanes.

Letzter Maßstab dafür, was jeweils oben oder unten zu nennen ist, ist die Nähe oder Ferne zur Erde; unten ist, was der Erde bzw. dem Erdmittelpunkt näher, oben, was ihm ferner ist. „Uns zwingt das Lot als ein Gebot", sagt Paul Klee einmal. Unten und oben empfangen von der Erde ihren Sinn; die Erdanziehung, nicht ein etwaiges Gezogensein zum Himmel ist das bestimmende Maß. Darum ist einerseits, was oben ist, in erster Linie erdfern und dann erst himmelnah. Zugleich jedoch ist die Erde nur das Unten, weil es eine Ferne zu ihr gibt, weil der Himmel als das ganz Andere, das fremde Oben ihr unendlicher Gegenspieler ist. Insofern besagt erdfern selbst himmelnah.

Das Gefüge des Oben erscheint gestufter und mannigfaltiger als das des Unten. Das liegt wohl u.a. daran, daß es unsere Augenhöhe ist, die gewöhnlich die Grenze zwischen oben und unten markiert, so daß der Bereich des Oben unendlich größer ist als der des Unten, wo die Erde eine natürliche Grenze für unseren Blick und Stand und damit auch für die räumliche Einordnung darstellt – wir selbst sind als irdisch-leibliche Wesen unten, weil der Erde nah –, während der Himmel in seiner Durchsichtigkeit als ein nicht auszumessender Raum erscheint, der sich ins Unendliche verliert.

Die Erde ist der Grund und Boden, das Feste, Sichere, Halt und Stand Gewährende. Alles Einzelne und Bestimmte geht aus ihr hervor und bleibt zeit seines Bestehens an sie gebunden. Die Dinge sind nicht lediglich über oder auf der Erde, sondern sie gehören ihr selbst zu, sind irdisch. Die Erde ist das Fundament, auf dem sich unser Leben abspielt, der Grund, von dem aufsteigt, was nach oben strebt, auf das zu fällt, was nach unten will oder muß.

Der Himmel ist dagegen die Ferne schlechthin, das Gegenteil alles Festen und Haltgebenden. So weit wir auch mit unseren Sinnen und unserem Sinn in ihn eindringen, wir kommen an kein letztes Ziel, an kein Ende. Wo ist der Himmel? Ist erst das ferne Blau der Himmel? Oder ist er der Erde unendlich nah, grenzt er an sie? „Es war, als hätt der Himmel die Erde still geküßt ...". Aber selbst so bliebe er der Erde nur ein Traum. Er wird nie greifbar, auch in Winden, Regen und Tau, im Mond und in den Sternen *hat* man ihn nicht. Vielmehr macht ihn dies gerade mit aus, daß er in seiner Durchsichtigkeit, Weite und Unermeßlichkeit unbestimmbar bleibt. Er ist in ganz anderer Weise Grenze als die Erde.

Zum anderen aber bezeichnen oben und unten auch das jeweilige Oben und Unten von bestimmten Dingen, deren Ober- bzw. Unterseite. Ihre Unterscheidung entspricht dann der Seinsweise und Funktion dieser Dinge. Wir selbst und die meisten der uns umgebenden Dinge haben ein charakteristisches Oben und Unten. Das „Gebot des Lotes" ist so zwingend, die Erdgebundenheit durch die Schwerkraft ist eine so enge und ursprüngliche, daß wir diesem

Zwang immer schon entsprochen haben, indem wir den Unterschied von oben und unten an uns tragen. Die Dinge der bloß stofflichen Natur sind allerdings durchweg gleichgültig gegen die Richtung ihrer Lage im Raum. Sie können darum auch nicht umfallen und nicht verkehrt liegen. Daß auch sie, wie alles Räumliche eine Ober- und Unterseite haben, heißt bei ihnen nur, daß die Raumstelle, die sie innehaben, eine in Beziehung zur Erdanziehung gerichtete ist. Ein Stein im Bach liegt auf der einen, der unteren Seite auf, und über die andere, obere fließt das Wasser hin. Aber diese Lage ist ihm zufällig, nach dem nächsten starken Regen kann er weitergetragen werden, eine andere Seite kann nach unten zu liegen kommen.

Was aber in seiner Gestalt nicht allein von seiner Stofflichkeit bestimmt ist, sondern eine ihm eigene Form und Gestalt hat, das ist zumeist auch nach oben und unten differenziert. Ein Gefäß z.B. muß eindeutig nach oben und unten unterschieden sein, um seinen Zweck erfüllen zu können. Unten ist die Standfläche, der Boden, oben gewöhnlich die Öffnung, der obere Rand oder der Deckel. So unterscheiden sich Dach und Fundament des Hauses, Deck bzw. Aufbauten und Kiel des Schiffes, Tischfläche und Tischbeine auf eine der jeweiligen Funktion der Dinge entsprechende Weise voneinander. (Beim Runden, beim „aus sich rollenden Rad", das Nietzsche im Zarathustra nennt, oder beim Ball, „rot und rund wie ein Überall", wie es in Rilkes „Das Lied des Idioten" heißt, liegt die Funktion gerade darin, daß oben und unten sich ständig vertauschen.) Vor allem das Lebendige hat, sowie seine Lebensfunktionen über die der am niedrigsten entwickelten Lebewesen hinausgehen, stets seinen nach oben und unten bestimmten Stand und Ort zwischen Himmel und Erde. Etwas ist in seiner richtigen Lage, wenn seine Oberseite nach oben, seine Unterseite nach unten gekehrt ist. Wird dagegen ein Stein zur Erde geworfen, so bleibt er liegen, wie er fiel, er liegt nie verkehrt.

Auch wir können allerdings fallen, ein Tempel kann einstürzen, ein Baum wird gefällt. Das ändert nichts an der räumlichen Ausrichtung der Welt. Das Oben bleibt oben, auch wenn es nicht mehr über der Krone des Baumes, über den Dächern, über unserem Kopf ist. Dieser Baum hat zwar als Baum weiterhin seine Wurzeln unten und seine Krone oben. Zugleich hat er jedoch mit dem Verlust der ursprünglichen Übereinstimmung mit dem allgemeinen Oben und Unten seinen „Sinn" verloren, er stirbt ab.

„Wer auf dem Kopf geht, – der hat den Himmel als Abgrund

unter sich." Wer *auf den Füßen* geht, der hat den Boden, die Erde unter sich, unter seinen Füßen. Über sich, über seinem Kopf, hat er den Himmel, der das ferne Oben zum nahen Unten der Erde ist. Wer dagegen *auf dem Kopf* geht, für den treten das eigene und das allgemeine Oben und Unten auseinander. Wer auf dem Kopf geht, der ist nicht einfach umgefallen, wie der Käfer, der auf dem Rücken liegt und mit seinen Beinchen strampelt, um wieder in die richtige Lage zu kommen. Hat er sich wissentlich und willentlich umgekehrt, so steht es ihm frei, welchen Sinn von oben und unten er künftig festhalten will. Er *kann* seine Verkehrung wie die eines beliebigen Dinges, etwa eines gekenterten Bootes verstehen, als eine Verkehrtheit der eigenen Lage. Wie der Anblick eines umgestürzten Baumes oder eines auf den Rücken gefallenen Käfers keine Erschütterung des gewöhnlichen Weltverständnisses bedeutet, so muß auch die räumliche Weltordnung nicht aus den Fugen geraten, wenn sich die eigene Lage verkehrt. Maßgeblich für die Orientierung bleibt dann das unverrückbare Maß von Himmel und Erde. Der Des-orientierte wird versuchen, seine Ver-rücktheit rückgängig zu machen, sich wieder auf die Füße zu stellen.

Doch wer auf dem Kopf geht, der kann seine neue Stellung auch anders verstehen. Oben, das ist für ihn dann weiterhin das, was über seinem eigenen Oben, über seinem Kopf ist, das, wohin und wozu er aufschaut. Unten ist das, was sich unter ihm ausbreitet, was er zu seinen Füßen sieht. Er nimmt sich selbst, nicht den unendlichen Gegensatz von Himmel und Erde zum Maß für die Ausrichtung nach oben und unten. Daß er auf dem Kopf geht, heißt jetzt nicht so sehr, daß er, sondern daß alles um ihn in eine Verkehrung geraten ist. Die Welt um ihn wurde eine andere. Er selbst behält, aller Verkehrung zum Trotz, seinen Kopf oben, aber der Grund hat sich unter seinen Füßen verloren. Unter ihm erstreckt sich, unermeßlich weit, abgrundtief, der Himmel.

Was geschieht mit ihm in dieser Verkehrung? Was gewinnt der, der in dieser Weise auf dem Kopf geht? Er gewinnt den Himmel *als Abgrund* unter sich.

Der Abgrund ist nicht zu denken ohne den Grund. Wo dieser sich verliert, droht der vom Schwindel Ergriffene zu stürzen. Zwischen steilen Bergen gähnt der Abgrund, nur ein unsicherer Pfad führt an ihm vorbei. Der Abgrund ist da, wo der feste Grund und Boden, die Erde, an der wir unseren Halt haben und die uns sicher macht, plötzlich versagt. Wir können, meist unversehens, *an* einem Abgrund stehen, nie aber auf seinem Grunde; er hätte dann aufgehört, Abgrund zu sein. Und wer sich in den Abgrund fallen läßt, dem verlieren Grund und Abgrund jeden Sinn, er geht zugrunde.

Wer in der zunächst genannten Weise auf dem Kopf geht und vergeblich versucht, wieder Fuß zu fassen auf der Erde, der hat zwar den Grund unter seinen Füßen verloren, aber der Grund selbst ging ihm nicht verloren. Der Grund, auf dem er stand, ist auch jetzt noch da, unverändert und während. Er hat keine Angst abzustürzen, keinen Abgrund vor sich, geschweige denn unter sich.

Doch auch der, für den sich in seiner Umkehr im wörtlichen Sinne das Unterste zuoberst gekehrt hat und umgekehrt, muß keine Angst haben. Hier hat sich zwar in der Tat der Grund und Boden verloren, – nicht aber so, daß nun nach einem neuen – oder älteren – Grund gesucht werden müßte. Wenn er auf dem Kopf geht, dann bedarf er eben keines sicheren Untergrundes mehr, der Kopf braucht die Erde nicht, um auf ihr zu wandern. Der Grund ist geschwunden, weil er sinnlos geworden ist. Er war das, was den Füßen Stand und Halt gewährte. Wo aber der Kopf das Gehen übernimmt, da werden die Füße frei, frei von ihrer gewohnten Aufgabe des Tragens und Gehens, frei aber auch von dem Grund, der sie tragsam machte, indem er selbst sie trug.

Es zeigte sich: Das Bild des Auf-dem-Kopf-gehens ist nur scheinbar eindeutig. So mag der Weg jetzt frei sein für den letzten Schritt. Hierzu einige Sätze aus Jack Kerouacs „Gammler, Zen und Hohe Berge": „Mir kam alles vor wie ein einziger ungeheuerlicher Traum, und dies Gefühl ließ mich den ganzen Sommer nicht mehr los. Es wuchs sogar ständig, besonders wenn ich auf dem Kopf stand ... und dann sahen die Berge wie kleine Blasen aus, die umgekehrt in der Luft hingen. Ich stellte fest, sie standen auf dem Kopf und ich auch! Hier gab es nichts, was die Tatsache hätte verbergen können, daß die Schwerkraft uns alle an der Kugeloberfläche der Erde festhält, ohne daß uns was passiert, mit dem Kopf nach unten im unendlichen Raum." (172)

„Wer auf dem Kopf geht, meine Damen und Herren, – wer auf dem Kopf geht, der hat den Himmel als Abgrund unter sich." Wenn wir uns hüten, das „auf dem Kopf" und „den Himmel unter sich" sogleich wieder auf den Boden des Gewohnten zu stellen, das „Gehen" zu wörtlich zu nehmen und sogleich vorauszusetzen, daß der Kopf für sein Gehen ebenso eines festen Grundes und Bodens bedarf wie vordem die Füße, dann könnte, wer auf dem Kopf geht, auch jetzt noch mit den Füßen die Erde berühren. Doch statt sich auf sie als den tragenden Grund zu verlassen, hat er jetzt „sein Sach auf nichts gestellt", er überläßt sich dem Abgrund, über den er, gelassenen Herzens, zwar nicht mit den Füßen, aber mit seinem Kopf gehen kann.

Den gewohnten Stand und Gang der Dinge hat er verlassen. Die Welt steht kopf, wie er selbst auf seinem Kopf steht und geht. Das sicher Gewohnte und Gelernte ist flüssig, zu einem Möglichen geworden. In der „purpurnen Nacht" des Abgrunds haben die Farben der Dinge ein anderes Gewicht. Zwar hat der Baum seine Wurzeln nicht weniger in einem Grund als zuvor, aber dieser Grund ist zugleich auch nicht mehr der Grund. Der Baum wurzelt auch mit seiner Krone im Himmel; der Rauch, der aus dem Schornstein steigt, fällt in den Himmel. „Der Weg nach oben, der Weg nach unten: ein und der selbe." (Heraklit, frg. 60)

Wer mit dem Kopf über den Himmel geht, warum sollte der nicht zugleich mit den Füßen über die Erde gehen? Der Abgrund tritt nicht einfach an die Stelle des Grundes, – dadurch würde er nur seinerseits zum Grund. Bestünde die Verkehrung darin, daß alles zuvor vom Erdengrund Getragene und Gehaltene jetzt dem unendlichen grundlosen Unten eines abgründigen Himmels zufiele, so hätte der Abgrund sich lediglich den Zwang des Grundes zueigen gemacht und ein neues Unten und Oben aufgerichtet.

Das Lot stellt sein Gebot nicht einfach in umgekehrter Richtung auf, sondern es hört auf, zwingend zu sein. Die Erde war Grund und sollte Grund sein. Und sie bleibt das Gründende und Wachsenlassende, Nährboden für Wurzeln, bergender und tragender Grund für Höhlen und Häuser. Aber dieser Grund hat seine Zwanghaftigkeit, sein „Müssen" verloren. Die schwebende Gelassenheit dessen, der den Grund nicht mehr unter sich braucht, weil er sich in den Abgrund des Himmels fallen läßt, ohne doch abzustürzen, diese Gelassenheit ist ein Auf-dem-Kopf-gehen, auch wenn sich dem Augenschein nach nichts geändert hat. Wer den Himmel als Abgrund unter sich hat, – der geht (auch) auf dem Kopf, ob die Anderen das nun sehen oder nicht. Er gehört zu denen, die „heiter sind und ... gerne in dem Abgrund eines vollkommen hellen Himmels" sich aufhalten. Weder die allgemeine Ausrichtung von Oben und Unten nach dem weiten Raum zwischen Erde und Himmel noch die nächste, eigene von Kopf und Füßen ist die eigentlich maßgebliche. Oder vielmehr: die eine wie die andere Ausrichtung gelten gleich viel und gleich wenig.

„... und unter mir himmelts und sternts". (Celan, Wasser und

Feuer) Doch: „Welchen Himmels Blau? Des untern? Obern?" (Celan, Unter ein Bild) Der Himmel, der das fernste, unerreichbare Oben ist, ist zugleich der Abgrund des Unten, – für den, der mit seinen Füßen über die Erde geht und mit seinem Kopf über den Himmel.

II.

„Wir sind Pflanzen, die – wir mögen's uns gerne gestehen oder nicht
– mit den Wurzeln aus der Erde steigen müssen, um im Äther blü-
hen und Früchte tragen zu können."
(Hebel, in: Heidegger, Hebel – Der Hausfreund, S.37f.)

„Die Erde – dieses Wort nennt in Hebels Satz alles das, was uns als
Sichtbares, Hörbares, Fühlbares trägt und umgibt, befeuert und be-
ruhigt: das Sinnliche./ Der Äther (der Himmel) – dieses Wort nennt
in Hebels Satz alles das, was wir vernehmen, aber nicht mit den
Sinnesorganen: das Nicht-Sinnliche, den Sinn, den Geist."
(Heidegger, ebd.)

„Aber es ist mit dem Menschen wie mit dem Baume. Je mehr er
hinauf in die Höhe und Helle will, um so stärker streben seine Wur-
zeln erdwärts, abwärts, ins Dunkle, Tiefe – ins Böse."
(Nietzsche, Also sprach Zarathustra, Vom Baum am Berge)

„Woher kommen die höchsten Berge? so fragte ich einst. Da lernte
ich, daß sie aus dem Meere kommen./ Dies Zeugnis ist in ihr Ge-
stein geschrieben und in die Wände der Gipfel. Aus dem Tiefsten
muß das Höchste zu seiner Höhe kommen. –"
(a.a.O., Der Wanderer)

Das scheinen – bei Hebel, bei Heidegger und bei Nietzsche – ana-
loge Bilder zu sein, und doch wird das Ausgespanntsein des menschlichen In-der-Welt-seins zwischen Himmel und Erde jeweils ganz
unterschiedlich erfahren. Ich folge den Bildern eine Strecke weit,
um dadurch jenes Zwischensein selbst näher auszuloten.
    „Wir sind Pflanzen" – wie Pflanzen mit ihren Wurzeln in die
Erde reichen, so auch die Menschen; wie für jene ist die Erde auch
für diese nichts bloß Festhaltendes oder Hinabziehendes, sondern
die Herkunft aus ihr gibt ihnen Nahrung und die Kraft, der Sonne
entgegenzuwachsen, Blüten hervorzubringen und fruchtbar zu sein.
Das Blühen und Fruchten selbst gehört für Hebel dem Himmel zu,
aber die Erde gibt den Boden und Grund ab für jedes Leben, das
sich aus ihr heraus und über ihr entfalten will. Zwischen beiden
liegt das „steigen müssen", das sich in zwei Betonungen lesen läßt:
Obgleich wir im Äther zuhause sein, blühen und fruchten wollen,
stecken wir doch zugleich unsere Wurzeln tief ins Erdreich, um

Kraft und Saft für unser Wachsen zu sammeln; wir sind insofern auf die Erde angewiesen, wir halten uns an ihr fest, sind an sie gebunden. Verschärft führt das zu Zarathustras Aussage gegenüber jenem traurigen Jüngling, den er ziemlich am Anfang seiner Wanderung müde an einen Baum gelehnt fand: Die Wurzeln des Menschen streben in die Erde und damit ins „Dunkle, Tiefe – ins Böse".

Im Steigen-müssen liegt jedoch zugleich auch eine andere, die umgekehrte Richtung: wir kommen her aus der Tiefe, um zu unserer eigenen Höhe zu gelangen. Pflanzen und Berge und Menschen müssen ihren Herkunftsbereich, das schützende, nährende Erdreich verlassen, um fruchtbar zu werden, vielleicht um ihren Sinn zu erfüllen: insofern sind wir auch auf den Himmel angewiesen. In beiden Lesarten, bei beiden Angewiesenheiten erscheint das Verhältnis zu Himmel und Erde als das Aushalten eines Gegensatzes, Himmel und Erde sind grundsätzlich getrennt voneinander, auch wenn dieses Getrenntsein das eine Mal eher von einem Sich-halten an die Erde, das andere Mal von einem Sich-aufheben zum Himmel her gesehen wird.

Im Folgenden will ich – mit Hilfe der Heideggerschen Erläuterung des Hebel-Satzes und einiger Aussagen von Nietzsches Zarathustra – ein anderes Verständnis des Verhältnisses von Oben und Unten und von Himmel und Erde aufzeigen, ein Verständnis, das die hierarchische Entgegensetzung zumindest tendentiell vermeidet bzw. unterläuft. Erde und Himmel werden jetzt als die beiden „Seiten" eines Zwischen in ein gleichgewichtiges Spiel zueinander gebracht, – auf die Gefahr hin, daß dabei der tatsächliche Anhalt an den vorangestellten Texten teilweise verlassen wird.

Zarathustra scheint zunächst sehr eindeutig Stellung für das Oben und gegen das Unten zu beziehen. Die Erde wird nicht nur als der Bereich des Irdischen gesehen, sondern mit der Tiefe ist die Dunkelheit verbunden, das Lichtferne und Lichtscheue, bis hin zum Bösen. Gleichwohl steht Zarathustra nicht auf der Seite der Verächter der Erde und des Leibes; so sagt er z.B.: „Immer redlicher lernt es reden, das Ich: und je mehr es lernt, um so mehr findet es Worte und Ehren für Leib und Erde./ Einen neuen Stolz lehrte mich mein Ich, den lehr ich die Menschen: nicht mehr den Kopf in den Sand der himmlischen Dinge zu stecken, sondern frei ihn zu tragen, einen Erden-Kopf, der der Erde Sinn schafft!" (Von den Hinterweltlern) Und auch das Böse ist für ihn nichts Absolutes, Metaphysisches, sondern eine Leidenschaft, die noch nicht als eigenste Tugend anerkannt und angenommen ist: „Am Ende wurden alle deine Leidenschaften zu Tugenden ... Einst hattest du wilde Hunde in deinem Keller: aber am Ende verwandelten sie sich zu Vögeln" (Von den Freuden- und Leidenschaften).

Genauer geht es in Zarathustras Bildern vom Baum und von den höchsten Bergen gar nicht um eine – sei es positive, sei es negative – Bestimmung der Erde; er spricht vielmehr von dem Suchen und Wollen, das sich übermächtig nach der Höhe, damit nach der Überwindung des Festhaltenden und Bindenden und Niederdrückenden sehnt und durch dieses Sehnen in die tiefste und quälendste Einsamkeit gerät. Unter diesem Blickwinkel ist mit der Erde vor allem das Lastende gemeint, das sich am Suchen und Sehnen, am Sich-nicht-festhalten-können selbst noch festhält und darüber die freie Luft und Lust des Sehnens und Hoffens selbst versäumt. Im Blick auf dieses Verhängnis kommt es darauf an, die Verkettung von Nach-oben-wollen und Nach-unten-streben so ernst zu nehmen, daß man lernt, beides loszulassen, nicht nur dieses Streben, sondern auch jenes Wollen, um sich in den schwebenden Bereich des Zwischen fallen zu lassen.

Die Bäume, zumal die einsamen Bäume im Gebirge, sind für Zarathustra wichtige Zeichen für das Wollen nach oben. Gleichwohl besteht die ihnen eigene Grenze gerade darin, daß sie zu jenem Loslassen und Verzicht nicht imstande sind, sie vermögen nicht zu fliegen; auch wenn sie sich aufrecht in die Höhe erheben, bleiben sie an die Erde gebunden. So stehen sie als Gleichnis für den Menschen, der sich hochreckt, der unbedingt nach oben will, aber der noch nicht wahrhaft zu fliegen und darum auch die bloße Sehnsucht nach dem Oben noch nicht aufzugeben vermag. Zu fliegen hieße hier nicht, die Erde zu überwinden und sich für die Dimension des Himmels zu entscheiden, sondern es hieße, die Grundsätzlichkeit der Differenz zwischen beiden aufzugeben, sich im gelassenen Fliegen – oder Schweben – zwischen Himmel und Erde zu bewegen, von beiden begleitet, zu beiden gehörig.

Solches Fliegen erinnert an den Einfall von Bachelard: „Wenn der Schöpfer den Dichter hörte, würde er die fliegende Schildkröte schaffen, die in den blauen Himmel die großen Sicherheiten der Erde mitnähme." (Poetik des Raumes, 85) Die Sicherheiten der Erde in den blauen Himmel mitzunehmen, hieße, sich frei dem Fliegen überlassen zu können, ohne Überwindung von was auch immer, ohne der Schwerkraft etwas abtrotzen zu müssen oder auch nur zu wollen. Die im Fliegen mitgenommene Erde wäre nichts in die Tiefe und zum Bösen Ziehendes mehr, sondern gehörte mit in die große Liebe und Hoffnung dessen, der das Kleine und Enge hinter sich läßt.

Das Letzte, was Zarathustra gesagt hatte, bevor er den an den Baum gelehnten Jüngling traf, war: „Jetzt bin ich leicht, jetzt fliege ich, jetzt sehe ich mich unter mir, jetzt tanzt ein Gott durch mich." (Vom Lesen und Schreiben) Und an anderer Stelle: „Wer die Menschen einst fliegen lehrt, der hat alle Grenzsteine verrückt; alle Grenzsteine selber werden ihm in die Luft fliegen, die Erde wird er neu taufen – als 'die Leichte'." (Vom Geist der Schwere, 2. Vgl. jedoch zugleich im gleichen Kapitel: „wer einst fliegen lernen will, der muß erst stehn und gehn und laufen und klettern und tanzen lernen: – man erfliegt das Fliegen nicht!") Dieses Neutaufen und darin auch Mitnehmen der Erde ist entscheidend: Nur seinetwegen kann gesagt werden, daß der „fliegende Mensch" die Trennung von Erde und Himmel überwindet und sich gerade darum im Zwischen beider aufzuhalten vermag. Die Überwindung der Erde wird selbst überwunden, wodurch das Müssen im Angewiesensein auf die Erde zu einem Können wird, zu einem freien Vermögen, mit ihren Gegebenheiten und Kräften umzugehen. Das Tanzen fliegt über die Erde, doch ohne sie zu verlassen; es ist eine Überwindung der Grenzen der Schwerkraft, die gleichwohl die irdische Schwere nicht vergißt.

Gegenüber den „hochfliegenden" Tendenzen unserer Tradition kommt es somit darauf an, die Schwere, also die Erde nicht zu vergessen, unser Irdisch- und Sinnlichsein selbst zu wollen; es aber andererseits nicht, anderen heutigen Tendenzen folgend, vom Fliegen abzutrennen, die Leichtigkeit, die „über den Wolken" ist, nicht als unerreichbar aufzugeben, sondern die Erde zur Leichten *und* Schweren zu machen, das Stehen und Gehen selbst in die Schwebe zu bringen. Kierkegaard sagt von den griechischen Skeptikern, sie würden sich im Denken „in der Schwebe" halten, wörtlich (im dänischen Text): „in suspenso". Sie nahmen sich die Freiheit, sich vom jeweiligen Sachverhalt bzw. von einem Urteil über ihn zurückzuhalten, sich nicht hinnehmen zu lassen: „Daher hält der Skeptiker sich dauernd in der Schwebe, und dieser Zustand war das was er *wollte*." (Johannes Climacus, 79) In suspenso zu sein, heißt, im Offenen zu sein, in einer wesenhaften Un-entschiedenheit, wörtlich: aufgehängt, – im Raum zwischen oben und unten, zwischen sein und nicht-sein. In der Schwebe kann man sich halten, wenn man auf die Sicherheit des festen Bodens und des Halts auf der einen oder der anderen Seite Verzicht getan hat. (Ist es nicht das, was auch mit Heideggers Begriff der „Gelassenheit" angesprochen ist?)

Zarathustras Wandern ist ein Steigen, weil es ein Sich-lösen vom Grund ist, vom eigenen und vom Grund aller Dinge. Insofern steigt es auch noch durch den Himmel hindurch, es sieht nicht nur sich, sondern auch noch die Sterne unter sich: „– hinan, hinauf, bis du auch deine Sterne noch *unter* dir hast!" (Der Wanderer) Damit hat es sich von der Hierarchie von Himmel und Erde verabschiedet, um in ihrem reinen Zwischen anzukommen. Der Tanz ist – wie das Schweben – Ausdruck für die Überwindung der Schwerkraft, die eine solche aber nur sein kann vermöge der Schwerkraft selbst, – so wie in der Zen-Übung letzte Konzentration und letzte Aufgabe aller Konzentration in eins zusammenfallen. Die Überwindung der Schwerkraft, der Gebundenheit an die Erde ist der höchste Triumph der Schwerkraft, des Irdischseins selbst.

Sloterdijk erzählt in seinen Frankfurter Vorlesungen „Zur Welt kommen – Zur Sprache kommen" die wunderschöne indische Legende von den Göttervögeln. (100ff.) Nimmt man sie einmal aus dem Zusammenhang heraus, in dem Sloterdijk sie anführt, und betrachtet sie im Hinblick darauf, daß und in welcher Weise sie das Verhältnis von Erde und Himmel betrifft, so zeigt sich, daß auch die Weise, wie Sloterdijk sie erzählt, sich noch in der Tradition einer einseitigen Betonung des Himmlischen als dessen, was frei von der Erdenschwere ist, hält. Diese Legende nimmt eine phantasierte Art von Vögeln zum Gleichnis für den Menschen, um sein urspüngliches Verhältnis zu Erde und Himmel, seine angestammte Erdenferne und Himmelsnähe zu verdeutlichen. Das Lebenselement der Göttervögel ist der „von den Schwerkräften der Erde entbundene Bereich" „unter offenem Himmel und über offener Erde". Nur scheinbar ist dies der Bereich *zwischen* Himmel und Erde, genauer bewegen sich die Göttervögel – wie auch ihr Name andeutet – im Himmel. In ihm wohnen sie, schlafen sie, lieben sie sich. Diese himmelleichte Seligkeit hat jedoch einen Schwachpunkt: Ihre Nachkommen haben, solange sie sich noch im Ei befinden, nicht die Möglichkeit, sich schwebend-fliegend im Himmel zu halten, sie fallen unweigerlich der Erde zu. Gelingt es ihnen nicht, die Eierschale zu durchbrechen, bevor sie auf ihr aufschlagen, so werden sie zu Erdenvögeln, und das Äußerste, was sie fortan an Himmelsnähe erreichen können, ist der aufrechte Gang, mit dem sie aber die ihnen ursprünglich angestammte schwerelose Ungebundenheit nicht wettmachen können.

Mein Einspruch betrifft eine unhinterfragte Voraussetzung dieser Geschichte, eine Voraussetzung, die offenbar so tief in unserer Tradition verwurzelt ist, daß man nicht nur z.B. bei Heidegger und bei Adorno, sondern eben auch noch bei Sloterdijk auf sie trifft, – was verwunderlich ist. Um es im Bild der Legende zu sagen: die Göttervögel leben unter offenem Himmel und über offener Erde. Das „unter dem Himmel" heißt für Sloterdijk aber offenbar: „im Himmel", – könnte und müßte das „über der Erde" also nicht auch „auf der Erde" heißen? Ist denn „von den Schwerkräften der Erde entbunden" zu sein, wirklich seliger, als sich etwa an der Erde zu bergen, sich von ihr zu nähren, sich auf ihr zu lieben? Muß das Unten als etwas erfahren werden, was uns hinunterzieht, ist die Schwere in der Tat letztlich „das Böse", – was übrigens auch in dem betreffenden Nietzsche-Zitat keineswegs begründet oder auch nur aus dem Kontext erklärt wird. Kritisch stellt sich also die Frage, was denn eigentlich gegen die Schwere spricht, warum die Schwerelosigkeit des Himmlischen in unserer – und nicht nur in unserer – Tradition immer wieder zum Ideal erhoben wird. (Diese Frage ernstzunehmen, implizierte dann allerdings auch die tiefergehende Frage, was denn im Grunde gegen die Sterblichkeit spricht.)

Sloterdijk phantasiert am Ende seiner Geschichte die Möglichkeit hinzu, daß einige Erdvögel „am Ende doch wieder fliegen lernten" (102). Aber sie müßten dann, so meine ich, jedenfalls solche sein, die, obgleich sie fliegen lernten, *Erd*vögel blieben und ihre Schwere nicht mehr verlören; und sie dürften das nicht als eine Privation des Göttervogelseins ansehen, sondern einfach als eine andere, vielleicht sogar als eine reichere Möglichkeit, – als die Möglichkeit, die widerständige und verletzbare, liebliche und schwermütige, bunte und reiche Erde zu lieben, die die Indianer unsere Mutter nennen.

Das Wohnen zwischen Himmel und Erde zu bedenken, impliziert in unserer Tradition fast zwangsläufig die Übernahme einer entschiedenen Richtung des Hinausgehens über die letztere hinweg zum ersteren. Das animal, das die ratio hat, fühlt sich durch diese hinausgehoben über das Tierhafte und überhaupt das Irdische, das eben dadurch zum Grund und Ausgangspunkt wird, also zu etwas, aus dem man zwar aufsteigt und herkommt, das man jedoch wesenmäßig zu verlassen und zu überwinden hat. Es scheint ungeheuer schwer zu sein, das Zwischen wirklich als Zwischen festzuhalten bzw. zu übernehmen und es nicht als Durchgangsort mißzuverstehen.

Der spätere Heidegger hat – wie ausgesprochen oder unausgesprochen auch immer – ein Denken dieses Zwischen versucht, das der Raum eines Aufenthalts ist, der zuhause sein will, auch wenn und wo er ausschreitet und nach Neuem, Fremdem und Erstaunlichem begierig ist. Ein solches Denken muß seinen Blick insbesondere auf die Erde und das menschliche Irdischsein richten. „Die Erde – dieses Wort nennt in Hebels Satz alles das, was uns als Sichtbares, Hörbares, Fühlbares trägt und umgibt, befeuert und beruhigt: das Sinnliche." Während Hebel das Geben und Schenken der Erde, dem wir auch noch unser Leben im Äther verdanken, gewissermaßen voraussetzt, bringt Heidegger es eigens und auf eine bemerkenswerte Weise zum Ausdruck.

In der abendländischen Tradition wird die menschliche Sinnlichkeit vornehmlich mit Rezeptivität und Passivität zusammengedacht. Das Sinnliche ist zwar einerseits das, was sich den Sinnen ein- oder aufprägt, was sie bestimmt, es ist die Sache, die affiziert; aber sie affiziert die Sinnlichkeit dessen, der affiziert wird und sich dementsprechend rezeptiv und passiv verhält. Darum ist auch und zuvor dieses Empfinden und Wahrnehmen selbst, also das Bestimmtwerden „sinnlich". Sinnliches Bestimmen und Bestimmtwerden sind letztlich das Selbe, von zwei Seiten aus gesehen, Affektion als Affizieren und als Affiziertwerden.

Diese Dopplung von Bestimmendem und Bestimmtwerdendem im Sinnlichen gilt, auf den Menschen hin betrachtet, sowohl für die Sinnlichkeit der sogenannten fünf Sinne wie für die Sinnlichkeit der Geschlechtlichkeit und der Gefühle und für die Sensibilität im allgemeinen. So werden z.B. die sogenannten Triebe traditionell als etwas Treibendes, also irgendwie Tätiges angesehen, aber diese „Tätigkeit" ist im Grunde gar nichts anderes als das Affiziertwerden selbst, das Treiben der Triebe selbst ist das Verhältnis zu ihnen als ein passives Unterworfensein und Beherrschtwerden. Zwar sollen sie ihrerseits unterworfen und kontrolliert werden, aber das heißt, daß man sich nicht handelnd auf sie einläßt, sie vielmehr zurückdrängt und verdrängt und sich ihnen damit doch wieder unterwirft. Der Sinnlichkeit gegenüber gelten das Aufnehmen und Sichbestimmenlassen durch die Sinne als die einzig angemessenen Haltungen. Höchstens gibt es noch die Möglichkeit des bloßen Sich-Abkehrens. Ich höre das Hörbare, – oder ich halte mir die Ohren zu, entferne mich oder beseitige die Geräuschquelle.

Wenn die Erde als das Sichtbare, Hörbare, Fühlbare bezeichnet wird, dann scheint darin zunächst das Moment des Affiziertwerdens des Menschen zu liegen. Doch zugleich kommt etwas anderes mit ins Spiel: Die Erde ist nicht nur sichtbar, sondern sie „trägt und umgibt, befeuert und beruhigt", und zwar gerade als Sinnliches. Diese vier Bestimmungen haben wenig oder nichts mit einem angeblichen „Sinnenmaterial" zu tun, das bloß passiv aufzunehmen wäre. Die beiden ersten – „trägt und umgibt" – sind einfach zu verstehen. Das Sinnlich-Irdische *trägt und umgibt* uns, das besagt, daß die Erde sowohl unsere Standfläche oder unser Boden ist wie das Medium oder der Bereich, in dem wir uns aufhalten. Wir sind auf ihr, so daß sie uns mit ausmacht, *und* wir gehören ihr zu, das Sinnlich-Irdische ist das, womit wir es als selber Sinnlich-Irdische zu tun haben, das Medium, in dem wir uns bewegen.

Doch was besagt es, daß die Erde uns *befeuern und beruhigen* soll? Besonders in ihrer Zusammenspannung sind das merkwürdige Begriffe für das, was uns sinnlich angeht. Vielleicht will das Befeuern in besonderer Weise auf das Blühen, das Beruhigen auf das Austragen der Frucht hinweisen; das Blühen nimmt seine glühenden Farben aus der Erde, das Fruchttragen bedarf der ruhigen Geduld und Gelassenheit, die es ebenfalls von der Erde empfängt. Aber das hebt die Merkwürdigkeit dieser Kennzeichnungen nicht auf.

Befeuern und beruhigen, – das entspricht sich wie einatmen und ausatmen, wie anfangen und enden, wie das Auftauchen einer plötzlichen Erregung und die Rückkehr zur Gelassenheit. Traditionell wurde mit dem Sinnlichen eher etwas Wildes oder Dumpfes assoziiert, nicht Befeuerung und nicht Beruhigung, eher das, was Zarathustra die „wilden Hunde" und „schlimmen Triebe" nennt oder den „Geist der Schwere". Die von Heidegger angesprochene Erde und das ihr zugehörige Irdische ist jedoch nichts Dumpfes, Schweres und nichts Triebhaftes. Indem das Sichtbare, Hörbare und Fühlbare befeuert und beruhigt, *spricht* es zu dem sinnlich Vernehmenden, kommt es ihm entgegen. Es stimmt ihn auf sich ein, versetzt ihn in eine Stimmung, überhaupt in Stimmungen.

Das Sinnliche befeuert. Das Feuer, das Feurige und das Befeuernde assoziieren wir gewöhnlich eher mit dem Geist als mit der Erde und dem Sinnlichen. Aber diese Gewöhnungen treten zurück, wenn wir näher zusehen. Das Feuer gehört – wie das Wasser – sowohl zum Himmel wie zur Erde. Im Licht der wärmenden Sonne wie im Blitz kommt es vom Himmel, und wird zum Fluch, wo es die Erde in Feuersbrünsten verwüstet. Doch ebenso wohnt es in den Tiefen der Erde selbst, aus denen es zuweilen in wilder Gewalt ausbricht. Zugleich schläft es wartend im Feuerstein, im Schwefel, im dürren Holz, in der Kohle.

Auch in den Mythen kam das Feuer keineswegs immer von den Göttern als den Himmlischen. Die uns durch die christliche – vielleicht auch die homerische – Tradition vertraut gewordene unmittelbare Verknüpfung von Göttlichem und Himmlischem findet ohnehin an der Erde, aber auch am Feuer eine Grenze ihrer Berechtigung. Bei den Griechen etwa war das Feuer nicht nur Gabe des Prometheus, sondern vor allem Eigentum des Hephaistos, des alten Erdgottes. Walter F. Otto sagt von ihm: „Er gehörte ja ganz zum Element des Feuers, ja er war eigentlich dieses Element selbst, mit dem Auge gläubiger Ehrfurcht angesehen. Bei Homer wird es nicht nur 'die Flamme des Hephaistos', sondern geradezu 'Hephaistos' genannt; so sehr sind beide eins." (Die Götter Griechenlands, 157)

Die Erde befeuert. Sie gibt Mut, Kraft und Lust zu Worten und zum Handeln. Das uns begegnende Sinnliche kann uns in eine Stimmung versetzen, in der wir brennen für etwas, mit feurigen Worten und flammenden Reden dafür eintreten, uns von brennender Sehnsucht danach verzehren usw. Ist es aber wirklich das Sinnliche, Erdhafte, was uns derart be-stimmt? Ist das Sichtbare, Hörbare und Fühlbare *als solches* erdhaft und sinnlich? Wie steht es etwa mit dem Fühlbaren? Was ist fühlbar? Die Silbe -bar deutet an, daß da etwas ist, das sich dem Sehen, Fühlen usw. darbietet und anbietet, um es auf sich zu nehmen und es zu tragen. Ist das Sichtbare aber *nur* sichtbar? Ist da nicht eine Sache, die sichtbar, aber zugleich noch manches andere ist und an sich hat, so daß man fragen könnte, ob das Befeuern tatsächlich eine Wirkung des Erdhaften, Sichtbaren, Sinnlichen ist und nicht vielmehr der ihm auch zukommenden geistigen Bedeutung?

Doch wieder stehen hinter diesen Fragen die Gewöhnungen des Überkommenen, die das Sinnliche als Materielles und dieses als von allem Geistigen und Bedeutungsvollen Getrenntes verstehen und ihm eben darum lediglich die Möglichkeit sinnlichen Affizierens zusprechen. Sie bestimmen auch noch das Hebelsche Bild. Indem Heidegger von der Erde als einem Befeuernden und Beruhigenden spricht, vollzieht er unausdrücklich eine gewisse Umkehrung der Intention des Hebelschen Satzes bzw. der Einstellung, die ihm zugrundeliegt. Die beiden Seiten, von denen in ihm die Rede ist, erläutert er auf eine Weise, die das ihnen im traditionellen Verständnis jeweils Entgegengesetzte fast unauffällig mit einbezieht. Er widerspricht der Entgegensetzung zwischen etwas, von dem her und aus dem aufgestiegen werden muß, und dem, zu dem der Aufstieg führt, einer „eigentlichen" Dimension des Blühens und Fruchtens.

Die Erde befeuert und beruhigt uns. Sie versetzt uns so in eine Stimmung und Befindlichkeit, in die zu gelangen keineswegs nur Aufnahmevermögen erfordert. Wir werden von etwas nur befeuert, wenn wir uns ergreifen und befeuern *lassen*, wenn wir dem uns so Angehenden entgegenkommen, wenn wir, wie man sagt, mitmachen. Und auch um uns beruhigen zu lassen, bedarf es eines aktiven Nachgebens, wir werden nicht beruhigt, wenn wir der beruhigenden Stimme nicht zuhören und auf sie aufmerken. Statt der bloßen Rezeptivität und Passivität des sinnlichen Aufnehmens ein Einlassen auf das, was uns so be-stimmt, wir begeben uns in eine Wechselwirkung mit ihm. Nietzsches Zarathustra steht wieder im Raum, der einerseits zum Fliegenlernen den festen Stand fordert, andererseits aber die Erde selbst zum Tanzen bringen will. Wird die Erde in *diesem* Sinne verstanden, so ist ihre – und unsere – Sinnlichkeit etwas, das an ihm selbst sinnhaft ist und dem wir sinnhaft antworten, sie ist kein „bloß" Materielles, kein prinzipiell Anderes gegenüber dem Geist, sondern von ihm durchdrungen und ihn durchdringend.

Entsprechend erläutert Heidegger den Äther oder Himmel in einer Weise, die die Entgegensetzung gegenüber der Erde zumindest relativiert. „Der Äther (der Himmel) – dieses Wort nennt in Hebels Satz alles das, was wir vernehmen, aber nicht mit den Sinnesorganen: das Nicht-Sinnliche, den Sinn, den Geist." „Alles das, was wir vernehmen". Das Vernehmen weist zunächst wieder in die Richtung einer Rezeptivität. Die gewöhnlich dem Sinnlichen zugeschriebene Rezeptivität erscheint somit auch auf der Seite, auf der wir sie zunächst nicht vermutet hätten. Aber wir werden sogleich weitergeführt: Wir vernehmen den Äther, wie das Sinnliche; aber wir vernehmen ihn, anders als das Sinnliche, nicht mit den Sinnen.

Die Erde wird zunächst als das uns gegenüber Andere erläutert, *in* das wir hineingehören und das uns eine bestimmt-gestimmte Weise des Uns-Verhaltens zu unserer Umgebung und dem uns Begegnenden vermittelt; das Tragen und Umgeben, Befeuern und Beruhigen hat uns zum Objekt. Beim Geistigen, beim Sinn heißt es dagegen, daß *wir* vernehmen; jetzt ist das Wir Subjekt. Doch dieses „Subjekt" tut eigentlich nichts. Wir vernehmen, also nehmen wir auf, lassen uns bestimmen.

An einer anderen Stelle, im Vortrag über „Gelassenheit", schreibt

Heidegger in Bezug auf das selbe Hebel-Bild: „Wo ein wahrhaft freudiges und heilsames Menschenwerk gedeihen soll, muß der Mensch aus der Tiefe des heimatlichen Bodens in den Äther hinaufsteigen können. Äther bedeutet hier: die freie Luft des hohen Himmels, den offenen Bereich des Geistes." (Gelassenheit, 16f) Der Sinn, den wir vernehmen, der Geist, hat etwas mit freier Offenheit, mit dem „offenen Bereich" zu tun. Mit dem Nicht-Sinnlichen ist zwar auch ein jeweilig Sinnhaftes, dieser oder jener Sinn, ein *bestimmtes* Geistiges oder auch Geistvolles gemeint, aber dieses hat seinen Ort in einem weiteren Raum, es ist mehr als es ist, ein Allgemeines, es gehört als Geistiges einem Offenen zu, in dem es sich zugleich von anderem her entfaltet und auf anderes bezieht. Das Geistige zeigt sich insofern als ein Umgebendes, bereichhaft, als der Geist-Raum, dem als solchem die Bestimmungen frei, hoch und offen zukommen. Zwar weist der der „Tiefe des heimatlichen Bodens" entgegengestellte „hohe Himmel" als solches Gegenüber auch auf ein Sichtbares hin, aber als der „Bereich des Geistes" ist er die Offenheit selbst.

Damit scheint sich die Dimension des Himmels ums Ganze von der der Erde zu unterscheiden. Aber erinnern wir uns daran, daß die Erde als das bezeichnet wurde, was uns, uns befeuernd und beruhigend, *umgibt*. Auch hier wurde ein Bereichhaftes gedacht. So wie ein Moment des Vernehmens beim Sinnlichen wie beim Nicht-Sinnlichen ins Spiel kommt, so auch bei beiden ein Moment des Raumhaften, des umfangenden Allgemeinen. Jeweils eine implizite Entsprechung zwischen Erde und Himmel, – auch wenn die Erde, das Sinnliche einen eher „angängigen" Charakter hat, während dem Nicht-Sinnlichen eher ein Charakter des Offenen, Freien und Freilassenden zukommt.

Heidegger hebt im übrigen die strenge Entgegensetzung von Sinnlichem und Geistigem auch dadurch auf, daß er sich näher auf dasjenige besinnt, was *zwischen* Erde und Himmel ist, auf „Weg und Steg ... zwischen der Tiefe des vollkommen Sinnlichen und der Höhe des kühnsten Geistes". (Hebel – Der Hausfreund, 38) Er bestimmt dieses Zwischen als die *Sprache*. Auch und gerade das Hörbare und Sichtbare der Sprache, Laut und Bild, lassen sich von dem, was *in* ihnen zum Wort kommt, nicht trennen. Sie sind in ihrer Sinnlichkeit selbst sinnhaft, der Sinn ist *ihr* Sinn. Auf das Bild der mit ihren Wurzeln aus der Erde steigenden Pflanzen bezogen heißt das, daß das Aufsteigen selbst, das zwiefach-einige Herkommen aus der Erde und das Hineinstehen in den freien, offenen

Luftraum, als sinnhaft-sinnliches ein in diesem weiten Sinne sprachliches ist.

Das Zwischen von Erde und Himmel – der „Spielraum zwischen Erde und Himmel" – ist kein Drittes „neben" ihnen, vielmehr ihre ursprüngliche Zusammengehörigkeit selbst, das Verhältnis, in dem oder als das sie sich zu- und auseinanderhalten. Dieses „Verhältnis aller Verhältnisse", das Heidegger Sprache nennt, ist kein Raum oder Bereich, es ist „Weg und Steg" des Zwischen von Erde und Himmel bzw. Sinnlichem und Geistigem. Das Zwischen ist selbst die Vielfalt der wechselseitigen, irdisch-sinnlichen und himmlisch-geistigen Beziehungen, die Heidegger sprachliche Beziehungen nennt. „Das Wort der Sprache tönt und läutet im Wortlaut, lichtet sich und leuchtet im Schriftbild. Laut und Schrift sind zwar Sinnliches, aber Sinnliches, darin je und je ein Sinn verlautet und erscheint. Das Wort durchmißt als der sinnliche Sinn die Weite des Spielraums zwischen Erde und Himmel. Die Sprache hält den Bereich offen, in dem der Mensch auf der Erde unter dem Himmel das Haus der Welt bewohnt." (ebd.)

Sinnhafte Sinnlichkeit oder sinnlicher Sinn leben in der und aus der Weite zwischen Erde *und* Himmel. Aber diese Weite und Offenheit ist eine solche nur durch die Wege und Stege, die ihren Raum durchgehen, durch die Sprache, die, im Ansprechen und Miteinandersprechen, Sinnliches und Nichtsinnliches sagt. Ich denke, es ist nicht wesentlich, ob wir dieses Zwischen „Sprache" nennen oder nicht. Worauf es ankommt, ist, daß der Bereich zwischen Erde und Himmel nur dann ein Haus für unser In-der-Welt-sein ist, wenn wir ihn als einen sinnhaft-sinnlichen bewohnen und durchwandern. Wir *machen* die Welt zwar nicht, – aber es gibt sie auch nicht ohne unser Gehen auf Wegen und Stegen und nicht ohne unser Weilen und Verweilen, – auf der Erde und unter dem Himmel.

III.

Abend
Der Abend wechselt langsam die Gewänder,
die ihm ein Rand von alten Bäumen hält;
du schaust: und von dir scheiden sich die Länder,
ein himmelfahrendes und eins, das fällt;

und lassen dich, zu keinem ganz gehörend,
nicht ganz so dunkel wie das Haus, das schweigt,
nicht ganz so sicher Ewiges beschwörend
wie das, was Stern wird jede Nacht und steigt –

und lassen dir (unsäglich zu entwirrn)
dein Leben bang und riesenhaft und reifend,
so daß es, bald begrenzt und bald begreifend,
abwechselnd Stein in dir wird und Gestirn.
(Rilke)

Die Sterne und die Steine bedeuten je verschieden ein Moment
zeitlicher bzw. räumlicher Beständigkeit und Sicherheit. Das Haus
der Welt steht oder erstreckt sich im Zeitspielraum zwischen Steinen und Sternen. Trotz seiner Weite und Offenheit hat das Bild des
Hauses der Welt zugleich etwas Geschlossenes. Die Sterne und die
Steine gehören zu diesem heimathaften Umkreis gewissermaßen
als Momente der umfangenden Grenzen oder Enden. Das mannigfache Zwischen, das das Haus der Welt ist, ist auch ein Zwischen
von Stein und Stern.

Sterne und Steine scheinen beide in einem besonderen Bezug
zum *Wohnen*, zu dem Haus, das die Welt ist, zu stehen. Gleichwohl gilt auch das andere: Sterne nicht nur, sondern auch Steine
wandern. Als ein kleines, vorläufiges Indiz mag gelten, daß die
Dichter beide auch zu Zeitworten gemacht haben: „Du nimmst
mich so zu Dir/ Ich sehe dein Herz sternen" dichtet Else Lasker-
Schüler (Mein Liebeslied). Benn schreibt: „Es sternt mich an" (O
Nacht –:) und Celan: „unter mir himmelts und sternts" (Wasser
und Feuer). Ein „Verzweifelt" genanntes Gedicht von August
Stramm lautet: „Droben schmettert ein greller Stein/ Nacht grant
Glas/ Die Zeiten stehn/ Ich/ Steine/ Weit/ Glast/ Du." Dein Herz
sternt, ich steine. Die Sterne und die Steine sind nicht leblose Dinge einer Welt, in der unter anderem auch wir vorkommen. Sie spie-

geln uns wieder, und vielleicht spiegeln auch wir sie. Die unterschiedlichen Weisen ihres Wanderns ziehen uns mit *und* hängen an uns.

Die Sterne, die Gestirne überhaupt, wandern. Die Planeten – auf deutsch nennt man sie Irrsterne oder Wandelsterne (wobei „Wandelsterne" auch für Kometen gebraucht wird) – heißen so, weil sie am Himmel umherschweifen. Aber ihre Wanderbewegung ist eine gerichtete, geordnete. Sie gehen auf und unter, jedenfalls scheint es uns so; sie gehen, in unendlich wiederkehrenden Bahnen, ihren selben Weg. Gerade darin, daß sie wandern, liegt ihre Ständigkeit und Maßgeblichkeit für die Ordnung des Irdischen. „Beständigkeit haben die Sterne gewählt, in stiller Lebensfülle wallen sie stets und kennen das Alter nicht", läßt Hölderlin Diotima in ihrem Abschiedsbrief an Hyperion schreiben. Ihre ständig umschwingende Bewegung machte die Gestirne, vor Kompaß und Sextant, für die Landwanderer wie für die Seefahrer zum sicheren Begleiter und Geleiter.

Ununterschieden und unzählbar stehen die Sterne am bestirnten Himmel über uns („Weißt du, wieviel Sternlein stehen?"), oder wir gewahren sie als Stern-Bilder, in ihren Konstellationen. Wir sehen die Sternbilder auf der Milchstraße wandern, mit ihr, über die Weite des nächtlich gewölbten Raumes. Und wir sehen ihr Wandern durch die Jahreszeiten hindurch und durch die nächtlichen Stunden. Von den verschiedensten Punkten der selben Erdhalbkugel aus erkennen wir die selben Sternbilder wieder, wie alte Freunde.

Am *Tage* kommt das Moment der Sicherheit und des Ständigen dem Festgegründeten der Erde zu, während der Himmel in verschwebender Ferne und Leichtigkeit erscheint; in der *Nacht* geht es zu einem guten Teil an den Himmel und den Lauf seiner Gestirne über. Die Sternenbewegung gab seit je ein Maß für Ordnung, Ständigkeit und Harmonie ab. Das „Sternenzelt" erweckt – trotz der faktischen Offenheit des unendlichen Weltenraums – auch darum den Anschein des Geschlossenen und Maßgebenden, weil die eine Welt von den unwandelbaren Gesetzen des Wandels der Gestirne gehalten schien. Das Firmament, die „Himmelsfeste", ist der feste Grund der Sterne, der sie und durch sie die ganze Welt zu halten vermag.

Dennoch: „Unter Bahnen von niemals / Berechneten Sternen / Treibst du / mit offenen Augen." (Marie-Luise Kaschnitz, „Dein Schweigen") Zwar sind die Bahnen, unter denen wir wandern und die, selbst wandernd, unser Wandern begleiten, weitgehend von irgendwem berechenbar; aber wenn und solange wir unter ihnen treiben, uns unter ihnen treiben lassen, brauchen und vermögen wir sie nicht zu berechnen. Sie ziehen ihre Bahnen, die so groß und fern sind, daß sie uns grundsätzlich übersteigen. Ein nicht berechenbares, ein über-mäßiges Maß, Bahnen zwar, aber unbekannter Herkunft und Richtung.

Einige unter den Sternen, allen zuvor die Planeten, erscheinen uns – trotz ihrer unendlichen Zahl – als Einzelne, Besondere. Der Polar- oder Nordstern ist ein solcher Stern im Singular, um sein Zentrum kreisen die übrigen Sterne unseres Himmels. Er wird auch „Meerstern" genannt, und war einst Sinnbild für Maria – „Meerstern, ich dich grüße, o Maria, hilf". Oder die Venus: wir sehen ihren Abschied als Abendstern am in die Sommernacht tauchenden Horizont, und wir begrüßen sie in den Winternächten als Botin des heraufdämmernden Tages, als Morgenstern.

Aber die Besonderheit einzelner Sterne ist nicht nur eine der herausgehobenen, vor anderen leuchtenden Bahn, sie kann auch die eines schicksalhaft als besonders und unverwechselbar Vermeinten und Angehenden sein. Rilke spricht zuweilen statt von den Sternen von *dem* Stern. Z.B. in dem Gedicht „Die Klage", wo es heißt:

Ich glaube, der Stern,
von welchem ich Glanz empfange,
ist seit Jahrtausenden tot.

Und etwas später:

Im Hause hat eine Uhr
geschlagen ...
In welchem Haus? ...
Ich möchte aus meinem Herzen hinaus
unter den großen Himmel treten. Ich möchte beten.
Und einer von allen Sternen
müßte wirklich noch sein.

Der Stern des Kleinen Prinzen ist nur einer in der unermeßlichen Zahl aller Sterne, und doch vermag er für den, der unter ihnen verweilt und auf den einen wartet, sie alle lachen zu machen. Dieser *eine* Stern kann dieser einzelne nur sein – *ein* Stern oder die Sterne von *Einem*, sein Stern, seine Sterne –, weil er allein gemeint und intendiert ist, – „Auf einen Stern zugehen, ..." (Hei-

degger, Aus der Erfahrung des Denkens, 76). Iwan Golls „Irgendwo springt ein Mensch aus dem Fenster,/ Einen Stern zu haschen,
und stirbt dafür" (Karawane der Sehnsucht) und die einmal sanfte,
einmal dramatische Bewegung bei Trakl: „In blauem Kristall/ Wohnt
der bleiche Mensch, die Wang' an seine Sterne gelehnt" (Ruh und
Schweigen) und von der „traurigen Kindheit" des „Knaben": „Da
er steinern sich vor rasende Rappen warf,/ In grauer Nacht sein
Stern über ihn kam" (Sebastian im Traum) nennen jeweils den Stern
oder die Sterne, die schicksalhaft dem Leben des Einzelnen zugehören und daran ihre Einzigkeit haben.

Stern reimt auf fern. Und wie die Ferne, so hat man auch die
Weite im Sinn, wenn man an die Sterne denkt. Die Sterne wandern
nicht nur selbst, sie eröffnen und bestimmen auch einen Raum des
Wanderns, der ein Raum der Ferne und der offenen Weite ist. Eichendorff besingt die Stimmung einer weiten bewohnten Nacht,
in der die Sterne über dem Wandern stehen und über der *Sehnsucht*, die zu ihm gehört:

> Es schienen so golden die Sterne,
> Am Fenster ich einsam stand
> Und hörte in weiter Ferne
> Ein Posthorn im stillen Land.
> Das Herz mir im Leibe entbrennte,
> Da hab' ich mir heimlich gedacht:
> Ach, wer da doch mitreisen könnte
> In der herrlichen Sommernacht!

Die Weite und Größe der Sternennacht läßt die Zweiheit von
„auf der Erde" und „unter dem Himmel" ganz anders erfahren als
der Tag. Die ins Dunkel zurückgenommene Erde hat im Nachthimmel tatsächlich ein Gegenüber, ihren Mit- und Gegenspieler,
ihr Zweites. Nie fühlt man das Einssein der einen, geschlossenen
Welt so, wie unter dem Sternenhimmel, gerade weil da das Oben
und Unten deutlicher auseinandertreten als am Tage. *Und* weil sich
in der Nacht das Oben und das Unten wie liebend zusammenfügen. Noch einmal: „Es war, als hätt' der Himmel / Die Erde still
geküßt".

Das mythische Drama der Urzeugung, als Uranos Gaia beiwohnte
und sie die Götter gebar, die er dann tief in ihr verbarg, geschah in
den Nächten. In der Nacht legt sich der Himmel über die Erde und
läßt sie fruchtbar werden; die Vereinigung von Erde und Himmel

ist ein nächtliches Geheimnis. Tags dagegen steht die Helle und Klarheit zwischen ihnen, die die Erde nah und den Himmel fern sein läßt. In vielen ostasiatischen und auch indianischen Mythen gehört die taghelle Entfernung des Himmels von der Erde, auf der er zuvor in ständiger Vereinigung lag, zum Geschehen der Weltentstehung selbst.

In Rilkes „Abend", in dem ein Auseinandertreten und Sich-scheiden von Erde und Himmel zur Sprache gebracht wird, ist die zugrundeliegende Intuition eine entgegengesetzte, vielleicht eine komplementäre. Die Welt tut sich mit dem Heraufkommen der Nacht gleichsam auseinander, es trennen sich die beiden Hemisphären, eine fallende, untere, daliegende, und eine steigende, obere, „himmelfahrende". Im schweigenden, dunklen Haus verdichtet sich das Ruhende und Begrenzende, das Irdische, Steinerne, die Dimension des behüteten Wohnens. Von ihr löst sich der steigende Stern. Die Beständigkeit seines Wanderns, das Umfangende des Firmaments ist das Offene, die Größe und Weite, in die das Leben sich zu öffnen, hinaus- oder hineinzudenken vermag. Das Ich, das Selbst gehört dem einen wie dem anderen und doch keinem von beiden zu. Es wohnt im Haus, und es wandert unter den Sternen; sein Leben wird zu Stein und zu Gestirn, – und doch zu keinem von beiden ganz. Als ein Irrstern steht das Selbst zwischen beiden, weil es – wenn auch schwindelnd und verwirrt – seine Stellung im Zwischen selbst wechseln kann. Unversehens kann es ihm geschehen, daß es in das Schweben der Stunde, in die schwebende Stunde selbst hineingezogen wird.

Wohnen und Wandern, Steine und Sterne. Das steinerne Haus unter den Sternen und der Weg des Wanderers über Stock und Stein, unter wechselnden Sternen. Man wohnt unter den Sternen, aber man wandert von Stein zu Stein, und das Wohnen wird Wandern. „abwechselnd Stein in dir wird und Gestirn", – es ist merkwürdig, wie oft sie zusammen gedichtet werden, die Sterne und die Steine. (Und das ist nicht nur eine Frage der Alliteration; es kann, wie hier, z.B. auch „Gestirn" für Stern oder auch „Gestein" oder etwa Fels für Stein stehen.) Ich führe nur einige Beispiele an: In „Ruh und Schweigen" von Trakl heißt es: „In blauem Kristall/ Wohnt der bleiche Mensch, die Wang' an seine Sterne gelehnt" (auch der Kristall ist ja ein Stein) und: „Wieder nachtet die Stirne in mondenem Gestein". Und in „Sebastian im Traum": „Da er steinern sich vor rasende Rappen warf,/ In grauer Nacht sein Stern über ihn kam". In Benns Gedicht „O Nacht –:" lautet eine Zeile:

„Die Steine flügeln an die Erde" und eine andere, schon zitierte: „Es sternt mich an." Schließlich noch einerseits Ingeborg Bachmann: „Blaue Steine flogen nach mir und erweckten mich vom Tode./ Sie rührten von einem Sternengesicht, das zerbrach."(Ein Monolog des Fürsten Myschkin zu der Ballettpantomime „Der Idiot") und andererseits Paul Celan: „Vogelflug, Steinflug, tausend/ beschriebene Bahnen. .../ Findlinge, Sterne,/ schwarz und voll Sprache" (Allerseelen).

In bestimmtem Sinne scheinen Steine und Sterne einander irgendwie verwandt zu sein. Ist es nicht mit den Steinen ähnlich wie mit den Sternen: sie sind unzählig viele, und zugleich als jeder einzelne ein einzelner? Und sind beide nicht sogar, in einer Ferne ihres Seins, das selbe? Fallende Sterne, – Sterne, die im Fallen zu Stein werden oder verglühen. Unsere Erde, dies Ding aus Fels und Feuer und Gas, ein erkalteter Stern. Doch unterscheiden sich Sterne und Steine auch wesentlich voneinander. Der Stein, um jetzt auch von ihm aus zu sprechen, ist das Feste, Harte, Undurchdringliche. Steinhart, steingrau, steinalt. Aus ihm ist das Haus gemacht und der Fels gewachsen. In der Gegenstellung zum Gestirn, dem fernen Ort der Sehnsucht und zugleich des Begreifens, dem unermeßlichen Oben, meint der Stein die Dimension des Begrenzten, des Innen und Unten, des Bewohnbaren und Gewohnten. Insofern scheint er eindeutiger und unaufhebbarer dem Wohnen zuzugehören als die Sterne, obgleich auch die Sterne ihre eigene Ständigkeit haben, und die Steine umgekehrt nicht so beständig – und auch nicht so gleichförmig – sind, wie es zunächst scheinen mag.

Steiniges, Versteintes, Versteinerungen. Versteinerte Wälder. Muscheln, Farne, Tiere, zu Stein geworden. Sedimente und Urgestein. Gefallene Sterne, verglühte Meteore. Erkaltete Vulkane, zu Stein erstarrtes Feuer, Lava. Edelsteine, zu Kristallen angeschossen. Und umgekehrt Steine, die vergehen, auf dem Weg zur Verwitterung, zum Sand. „Der Fels wird morsch", sagt einmal Else Lasker-Schüler (Mein Volk). Steine, die schmeichelnd und tröstlich in der Hand liegen. Runde und eckige, graue und schwarze, rote, grüne und gelbe Steine, durchsichtige sogar, milchglasfarbene. Steine im Gebirge, Steine auf dem Feld, Steine in den Flüssen und am Meer. Unterscheiden sich nicht die Meeresstrände auf der Erde auch danach, welche Steine sie geschaffen haben, flache oder runde, kleine oder große, noch Kiesel oder schon Sand? Es sind unglaubliche Individualitäten, die Steine.

Steine auch in Häusern, in Mauern, in Ruinen. Steine in Säulen und in Gewölben, in Statuen und in Tempeln. Oder besser: *als*

Statuen, *als* Tempel. Säulen gewordene Steine. Behauen, gefügt, aufgeschichtet. Zu Häusern, zu Treppen, zu Brücken, zu Brunnen, zu Grabmälern. „Wo ich hinkam, fand ich mich unter Steinen,/ wie sie ergraut und von Vertrauen befangen." (Ingeborg Bachmann, a.a.O.)

Die Steine sind so wenig bloß statisch, beständig, begrenzt und begrenzend, wie die Sterne bloß bewegt und wandelbar sind. „Die Steine selbst, so schwer sie sind". Die Steine sind nur scheinbar so schwer und unbeweglich. Nur scheinbar legen sie sich in den Weg, ohne fortgeräumt werden zu können. Die Steine wandern. Am Grunde der Moldau und anderswo. Sie wandern, und sie wandeln sich. Sie sind dem Wechsel der Tages- und Jahreszeiten unterworfen, den Winden und vor allem dem Wasser ausgesetzt. Sie werden zerkleinert und gespalten, zermahlen und geschliffen.

Auch die Gesteinsmassen und Gesteinsschichten bewegen sich. Die Kontinente wandern, die Erdplatten verschieben sich, verursachen Vulkanausbrüche und Erdbeben, bilden Gebirge und Canyons, hinterlassen Moränen und Findlinge. Findlinge – Steine mit Vergangenheit, vergangener Wanderung. Das Grimmsche Wörterbuch bestimmt sie so: „in dem sand und schuttlande zerstreut liegende gesteinblöcke, durch fluten oder eisschollen dahin getragen". Und Sloterdijk, der von dem „Findlingseffekt" spricht, der „auch an menschlichen Subjekten auftritt", führt sie mit dieser Kennzeichnung ein: „Am nördlichen Rand der Alpen und am Südrand der skandinavischen Gletscherzonen lagern inmitten von sanft hügeligen oder flachen Graslandschaften große Felsbrocken, deren Herkunft seit jeher rätselhaft anmutete." (Weltfremdheit, 16 und 14) Es sind Steine, die zu finden sind, Steine, die sich von weither eingefunden haben. Ich zitierte schon Celan: „Findlinge, Sterne,/ schwarz und voll Sprache" (Allerseelen).

Auf Stein gebaut, nach Sternenbahnen berechnet – fallende Sterne und verwitternde Steine. Wohnen und Wandern, der Stand und der Gang, sind sie also eines und dasselbe, – sind sie als eines das Leben, das „abwechselnd Stein in dir wird und Gestirn"?

5. Altwerden und Tod

I.

Krähen in der Dämmerung –
Sie beenden ihren Flug,
eine nach der anderen.
(Buson)

Ein Enden und Beenden, – doch nicht im Sinne eines Entschwindens. Es endet der Flug, die Bewegung, das Hin und Her. Die Krähen lassen sich eine nach der anderen auf den schwarzen Ästen nieder. Die Dämmerung, in der nichts Genaues und Festumrissenes mehr zu unterscheiden ist, ist der weite Raum, aus dem sie herzukommen scheinen, eine nach der andern, auftauchend als dunkle Umrisse aus dem nebligen Grau. Ein langer Tag geht zu Ende, während dessen sie unterwegs waren, in schwarzen Schwärmen über Wäldern und Feldern. Jetzt kommen sie zur Ruhe, gleichsam tropfenweise fallen sie ein in ihren Schlafbaum. Man sagt: Ruhe kehrt ein. Das Vielfältige, Differente, Wechselnde hört auf, begibt sich zur Ruhe. Es ist die allmähliche Ankunft eines Aufhörens, – in den Raum des Hier hinein hört der Krähenflug auf aus der Unruhe des Tages. Und dies nicht in einem Augenblick, sie zeichnen eine Spur der Zeit in den Abend, aus dem Nichts kommend, einfallend in das Jetzt des Hier.

„so fallen die Tage, / bis der Ast am Himmel steht, / auf dem die Vögel einruhn / nach langem Flug." Mit diesen Zeilen endet ein Gedicht von Benn. (Ach, das ferne Land) Solches Einruhn der Vögel nach langem Flug auf dem sich schwarz vorm Himmel abhebenden Ast zeichnet die fallenden Tage, die Zeit des Abends und die Zeit des Herbstes auf, die Buson vor Augen standen. Und auch ein berühmtes Haiku von Bashô dichtet die selbe Stimmung: „Auf kahles Astwerk / Hat sich die Krähe niedergesetzt: / Des Herbstes Abend." Die Krähen kommen in den Abend und den Herbst, in die Zeit der Dämmerung und des Aufhörens – bei Buson, bei Benn, bei Bashô. Bald wird sich ihre Schwärze nicht mehr abheben vor dem Schwarz der Nacht, und der schwarze, kahle Ast wird selbst in die Nacht des Tages und des Jahres eingetaucht sein.

„Ich weiß nichts Dunkleres als das Nichts." (Ernst Meister) Es könnte wohl auch heißen: Ich weiß nichts Nichthafteres als das

Dunkel. Das Einkehren in die Nacht aus der Geschäftigkeit und dem weiten Flug des Tages ist ein Verlieren der Bestimmtheit, des sichtbaren Umrisses, der umgrenzten Gestalt, – ein Sich-einschmiegen in die bergende Dunkelheit eines Nichts, jedenfalls eines nicht individuierten, nicht identifizierbaren Seins.

II.

Der Winter
Wenn ungesehn und nun vorüber sind die Bilder
Der Jahreszeit, so kommt des Winters Dauer,
Das Feld ist leer, die Ansicht scheinet milder,
Und Stürme wehn umher und Regenschauer.

Als wie ein Ruhetag, so ist des Jahres Ende,
Wie einer Frage Ton, daß dieser sich vollende,
Alsdann erscheint des Frühlings neues Werden,
So glänzet die Natur mit ihrer Pracht auf Erden.

Mit Untertänigkeit

d.24.April 1849   *Scardanelli*
(Hölderlin)

Wie einer Frage Ton, daß dieser sich vollende. Was für ein Ausklingen! Ein Ausatmen, in dem die Spannung und Anspannung sich
besänftigen, ein Stillewerden und Zur-Ruhe-kommen. Gelassenheit. Ein inniges Einverständnis mit dem Weg und dem Unterwegssein, das nach Hause kommt.

Gleichwohl ist der Winter nicht eine Antwort auf alles Fragen,
er ist nicht eigentlich ein Schluß und kein Ergebnis. Und das nicht
nur, weil die Erwartung von neuem Glänzen und neuer Pracht schon
wach ist. Die Vollendung selbst ist kein Fertiges: fragend schwingt
sie aus in einen Raum, sie öffnet sich in eine Offenheit. Der Ton
ihrer Frage richtet sich an einen Hörenden, gibt ihm die Frage
anheim, daß er sie aufnehme und bewahre, ihr Ende behalte. Der
Frageton geht gewöhnlich nach oben, er zeigt ein Offenbleiben an
und ein Bereitsein für ein Zusammentreffen und das Vernehmen
einer Antwort. Die Frage verläßt sich selbst und schwingt sich hin-
über, gibt sich dem Hören und verbleibt doch im Offenen. „Und
was du hast, ist Athem zu hohlen." (Hölderlin, Der Adler) Das
Atemholen ist die Bereitschaft für ein Entgegenkommendes, das
ein Entgegnen versuchen könnte, um so das Sich-öffnen der Frage
zu stillen, ohne es zu verschließen.

Wie vollendet sich der Ton einer Frage? Vielleicht – zumindest
auch – so, daß er wie ein Pendel hinüberschwingt zu dem, an den
sie sich richtet. Er findet sein ihm gemäßes Ende in dessen Nach-
hören und Nachsinnen und Ausklingen-lassen. Der Hörende läßt
hörend das Ende zu. Ein wenig so, wie der Blick dem Segelboot

folgt, das hinter dem Horizont verschwindet. Oder auch wie jenes merkwürdige Sich-auf-einen-Weg-begeben, das gerade im Unterwegssein das Zuhause im Sinn behält: „Flog durch die stillen Lande, als flöge sie nach Haus."

Das Ausklingen des fragenden Tons ist wie ein Spiegelbild zum Anheben und Anfangen, das sich in die beginnende Bewegung einfügt und eingewöhnt, so wie das Ausklingen schließlich mit ihr verebbt und versiegt. In der Gelassenheit des zu Ende gehendes Jahres sammelt sich die Mühe der Anstrengung und Arbeit, um in dieser Sammlung eine vergangene, weggegangene zu sein, um schweigend zur Ruhe zu kommen. Dieses sanfte Beenden des Jahres, gestimmt von der ruhigen Dauer und gestillten Leere der Wintertage, setzt *sich* nicht zur Ruhe, macht nicht von sich aus einen Punkt, sondern es schreibt einen Gedankenstrich, – wer weiß, was mit des Frühlings neuem Werden und wie es kommen wird.

Es läßt sich auch nicht beunruhigen von den umherwehenden Stürmen und den Regenschauern, die der Winterszeit eigen sind. Denn das Jahr hat, alt werdend, eine Milde des Blicks gewonnen, in der ihm weder eisige Winde noch klirrende Fahnen etwas anhaben können. Es ist zu einem Einschwingen in die Zeit geworden, und eben als dieses vermag es auszuschwingen in ein Fragen.

Viele von Hölderlins späten Gedichten beginnen mit einem „Wenn ...". Das erscheint wie ein mitgehendes Sich-einlassen auf den Lauf des Jahres und seine Ansichten und Erscheinungen. „Wenn in die Ferne geht der Menschen wohnend Leben ...". (Die Aussicht) Aufs Enden des Jahres hin gesehen ist dieses Sich-einlassen ein Aufhören, – ein Aufhören, das gleichwohl ein Hören auf den Ton der Frage ist, die das Jahr selbst stellt und die sich im hörenden Mitgehen, und letztlich nur darin, also im Weiterfragen und Weitergehen vollendet.

III.

Der Herbstwind bläst–
Wir leben und können
einander sehen, du und ich.
(Shiki)

Es gibt den Winter, das Sich-vollenden-wollen des Tons einer Frage, milde gewordene Ansichten, ins Unsichtbare weggezogene Bilder. Und es gibt das frühlingshaft Erstaunliche, daß im Sein der
Kirschblüten der Raum des Lebendigseins zu einem nie Gesehe-
nen, Einzig-artigen wird. Es gibt den Sommer, der steht und lehnt
und den Schwalben zusieht. Und es gibt den Herbstabend, an dem
der Weg einsam daliegt, das Segelboot sich hinter den Horizont
entzieht, die Krähen sich auf kahle Äste niederlassen. Es gibt den
Herbstwind.

Wir leben und können einander sehen. Ein merkwürdiges Herausheben von Alltäglichem. Im Wehen des Herbstwinds: du und
ich. Du und ich, und wir leben. Das ist nicht das fast rauschhafte
Lebendigsein unter Kirschblüten, nicht die plötzlich aufbrechende
Erstaunlichkeit des Bewußtwerdens des eigenen Daseins inmitten
des „Leuchtens und Duftens". Auch nicht das jäh erwachende Be-
wußtsein des Daseins des Anderen, seines überwältigenden Du-
seins, nicht das immer wieder neu aufbrechende Glück des Zwei-
seins.

Nur dies: wir leben, im Wind, und sehen uns an. Da ist eine
Offenheit, in der wir miteinander sind, in der wir einander Raum
geben, durch die hindurch wir uns sehen und ansehen können und
die der Raum eines gemeinsamen Gewohntseins ist. Das muß kein
Raum eines eigens eingerichteten Gemeinsamseins sein: Ein „Al-
leinsein in der Gegenwart des Anderen" (Winnicott) – auch das
gibt es da, wo eine Strecke, ein Feld zwischen dem Einen und dem
Anderen durchmeßbar wird, wo Einer im Angesicht des Anderen
ist. Wir sehen einander und sehen einander an. Nicht wie der Sommer die Schwalben ansieht, denen er gelassen zuschaut, wie sie die
Fluten streifen. Wir sehen *einander* an: ich dich, du mich. Dieses
Sehen wird eröffnet – und offen gehalten – durch das, was zwischen uns ist, durch den Raum, in dem wir dadurch miteinander
sind, daß wir uns sehen. Auch wenn es sich vielleicht gar nicht um
die Vertrautheit eines langen Bekanntseins, vielmehr um ein
augenblickhaftes Zusammentreffen handelt, kann sich unversehens

so etwas wie ein „Gewohntsein" zwischen uns ergeben. Was sich da an- und ausspinnt zwischen uns, wenn wir uns in gelassener Ruhe ansehen, ist ein Raum gemeinsamen Wohnens, auch wenn dieses Wohnen nur ein flüchtiger Aufenthalt ist.

Wir leben und sehen einander. Das Unheimische, Unstete des Herbstwinds vermag gleichsam als Hintergrund zu fungieren, gegen den sich das Stete der Sicherheit unseres Voneinander-wissens im Uns-ansehen abhebt. Die sich nicht nur kreuzenden, sondern sich ineinander fügenden, gemeinsam sehenden Blicke öffnen in ihrer ruhigen Gewißheit einen Raum und eine Zeit, eine Weite und eine Weile, in die wir gemeinsam eintreten können, wie in eine Schutzhütte im Herbstregen und -sturm. Man könnte vielleicht sagen, daß es kaum etwas gibt, was eindeutiger gegen Nichts und Nichthaftigkeit stünde als die Ruhe und Gelassenheit eines solchen gegenseitigen Sich-ansehens. Und doch – die Weile dieses Miteinander ergibt sich im Herbstwind, sie ist kein Bollwerk gegen ihn, vielmehr vertraut sie sich ihm an, bereit, mit ihm zu verwehen.

IV.

Das Lied von der Moldau
Am Grunde der Moldau wandern die Steine
Es liegen drei Kaiser begraben in Prag.
Das Große bleibt groß nicht und klein nicht das Kleine.
Die Nacht hat zwölf Stunden, dann kommt schon der Tag.

Es wechseln die Zeiten. Die riesigen Pläne
der Mächtigen kommen am Ende zum Halt.
Und gehn sie einher auch wie blutige Hähne
Es wechseln die Zeiten, da hilft kein Gewalt.

Am Grunde der Moldau wandern die Steine
Es liegen drei Kaiser begraben in Prag.
Das Große bleibt groß nicht und klein nicht das Kleine.
Die Nacht hat zwölf Stunden, dann kommt schon der Tag.
(Brecht)

Die Erde zu bewohnen, unter dem Himmel zu wandern, – beides
ist, auf je verschiedene Weise, ein Kommen und ein Gehen. Unser
Hiersein hält sich auf zwischen Geburt und Tod. Aber es ist nicht
nur in *diesem* Zwischen. Über die Schwelle der Geburt kommt es
weiter her, über die Schwelle des Todes geht es weiter hin. Jene
Weite jenseits des eigenen Zwischen, der Raum der Geschichte, ist
nicht mehr *seine* Weite, doch reicht sie in das Seine hinein. Vergangenes und Zukünftiges, Erinnerungen und Hoffnungen, Verpflich-
tungen und Erwartungen, Überliefertes und Überlieferndes richten den Raum seines Wohnens mit ein, kennzeichnen mit den Weg
seines Wanderns.

Menschen wohnen eine Zeitlang im Haus der Welt, das in viel-
fältiger Weise ein Zwischen-Raum ist. Sie leben zwischen Wurzeln
und Wolken, zwischen Grund und Abgrund, Schwerkraft und
Schweben; aber auch zwischen Wohnen und Wandern, Glück und
Trauer, Zusammensein und Einsamkeit. Oder zwischen Tag und
Nacht, Einatmen und Ausatmen, Anfangen und Aufhören. Jede
Begegnung ist ein Kommen und Gehen, jede Zeit eine Zwischen-
zeit.

Auf dem Grund des Flusses werden die Steine weiter und weiter
getragen, zu Zeiten langsam und träge, zu Zeiten schnell und un-
geduldig. Das Obere kommt nach unten zu liegen, das Eckige wird

glattgeschliffen. Was ist, das bleibt nicht. Auch nicht das Lastende, das Schwere und Hinderliche. Auch nicht das Schweigen und die Dunkelheit. Die Nacht hat zwölf Stunden, dann kommt schon der Tag.

Brecht schreibt das als Ermunterung. Auch die finstere Nacht der Gewalt ist begrenzt, auch sie wird ein Ende haben. Auf dem Grunde wird auch das scheinbar Unbewegliche und Steinerne der Macht weiterbewegt, fortgewälzt, revolutioniert. Das hilft nicht zuverlässig gegen den Schrecken und die Angst des Heute. Aber es ist gleichwohl gut zu wissen, daß auch die Kaiser begraben, daß die größten Gebirge mit der Zeit abgetragen werden, und auch, daß selbst der kleine Finger mit den anderen zusammen eine Faust macht. Die Nacht, und mag sie noch so dunkel sein, hat nur zwölf Stunden, dann kommt schon der Tag, – und alles sieht vielleicht anders aus.

Doch die Begrenztheit der Nacht, das Heraufdämmern des Tages kann auch anders, nämlich mit beklemmender Trauer erfahren werden. Die Nacht hat zwölf Stunden, dann kommt schon der Tag. Daß der schützende Raum der Dunkelheit ein endlicher ist, das kann Furcht erregen und zu einem doppelten Augen-schließen vor dem Heraufkommen des Tages verführen: „Es ist die Nachtigall und nicht die Lerche" – der rührende Versuch der es doch besser wissenden Selbsttäuschung des Romeo, in Shakespeares „Romeo und Julia". Die Nacht gibt den Raum und ist die Zeit für das Lieben; sie läßt durch ihr freundliches Zudecken und Bergen zur Ruhe, aber auch zur Besinnung kommen. Stille und Dunkel der Nacht sind nicht nur ein Bild für den Tod und das Ende, sondern auch für den Schoß, die Geborgenheit, das Geheimnis.

Doch die Zeit der Stille währt nur zwölf Stunden. Dann kommt, unerbittlich, unwiderlegbar, der Tag herauf, mit seiner Helle, seiner Klarheit und seinen Differenzen, mit seinem Tun und seinen Anforderungen. Die Nacht hat zwölf Stunden, dann kommt schon der Tag.

Die Wendung läßt sich allerdings auch umkehren: Der Tag hat zwölf Stunden, dann kommt schon die Nacht. Und wiederum hat das dann zwei unterschiedliche, einander entgegengesetzte Konnotationen, auch so kann die Wendung tröstlich wie klagend klingen. Es kann gut sein zu wissen, daß das Klare und Rationale nur die eine Seite eines darüber hinausgehenden Ganzen ist. Das Taghelle kann als etwas verstanden werden, was den Hintergrund von Stille und Dunkelheit der Nacht braucht, um als dieses je Bestimmte und Umgrenzte zu sein. Gerade dann erscheint seine helle Realität als sinnvoll und fruchtbar, wenn wir uns – in einem auch leiblichen wie vielleicht weiblichen Wissen und Fühlen – darauf besinnen, daß sie nicht alles ist, daß sie von einem Nächtigen, Ungeschiedenen, Weiten umfaßt und letztlich aufgefangen wird.

Umgekehrt läßt sich jedoch auch eine Klage um das Vergehen in diese Worte fassen: Der Tag hat zwölf Stunden, dann kommt schon die Nacht. Die Zeit des Tuns, des Sehens und Gehens, des Fragens und Antwortens ist nur eine begrenzte. Sie geht immer auf ein Ende zu. Eines langen – oder weniger langen – Tages Reise in die Nacht. Die Zeit und der Raum zum Handeln sind beschränkt, es kommt darauf an, die teure Zeit auszukosten, sie nicht ungenutzt verstreichen, d.h. in den Abgrund der Nacht versinken zu lassen.

Von „Klage" zu sprechen, ist hier vielleicht etwas zu ausdrücklich, zu entschieden. Der Tag hat zwölf Stunden, dann kommt schon die Nacht. Möglicherweise liegen da Tröstliches und Beängstigendes nah beieinander. Der Abend bringt das Ende der Wanderschaft, wenn der Wanderer, wie Trakl erzählt, auf seinen dunklen Pfaden ans Tor kommt. Das mag gut und schmerzlich zugleich sein.

In besonderer Weise erscheinen der Morgen und der Abend als Zeitschwellen des Erfahrens, gleich als wären sie Realität gewordene Metaphern oder, umgekehrt, Realitäten, die von sich aus eine Neigung zum Bildlichwerden haben. Parmenides wird, so berichtet er zu Beginn seines Lehrgedichts, von den Sonnenmädchen an die morgendliche Schwelle von Tag und Nacht gebracht, und hier, an dieser Schwelle, ist es, wo die Göttin ihm das „unzittrige Herz der unerschütterlichen Wahrheit" enthüllt. Vor allem aber kann der Abend immer wieder neu eine eigentümliche Erfahrung des Zwischen wachrufen. Die Zeit der Abenddämmerung, nicht ganz mehr Tag, noch nicht ganz Nacht, ist eine Zeit des Anhaltens, eines Zögerns und einer Unentschiedenheit, in der der Augenblicks- oder Schwellencharakter des Zwischen unmittelbar erfahren wird. Es ist ein wenig wie am Rand des Meeres: Man fühlt sich nicht mehr ganz dem einen und doch auch noch nicht dem anderen Element zugehörig. Helle und Dunkelheit, Klarheit und Finsternis, Rationales und Gemüthaftes versammeln sich auf der Schwelle von Tag und Nacht, die – beide – nur zwölf Stunden haben.

V.

Die Alten glaubten nicht daran, daß einen die vergehenden Jahre alt werden ließen. Sie hatten überhaupt nicht an das Vergehen der Zeit geglaubt. Nicht die Jahre ließen einen Menschen altern, sondern die Meilen und Meilen, die er durch die Welt gewandert war.
(Leslie Marmon Silko, Der Almanach der Toten, S.16)

Nicht die Zeit, sondern den Raum, den ein Mensch durchwandert, hielten die Alten (der Indianer) für das Entscheidende beim Älterwerden, – „die Meilen und Meilen, die er durch die Welt gewandert war". Die Strecken und die Wege, die er zurückgelegt, und manche, die er nicht zurückgelegt hat. Das, was er gesehen, an dem er vorbeigekommen, was er „durch-gemacht" hat. Was er getan und was er erlitten hat und wodurch er – in einem gar nicht „progressiven" Sinne – weitergekommen ist.

Alt wurden diese „Wandernden" nicht dadurch, daß die Jahre vergingen, sondern daß sie durch die Jahre gingen, Meilen und Meilen. Immer wieder gab es neue Wegbiegungen vor ihnen, manchmal gingen sie Umwege, manchmal ergab sich die Notwendigkeit, zurückzugehen. Möglicherweise haben sie ihren Heimatort nie verlassen, vielleicht vollzog sich ihr Leben in begrenzten, von Generationen vorgezeichneten Bahnen; der reale, bewohnte Raum, den sie in ihrem Leben durchwanderten, mag, in „objektiven" Meilen gerechnet, gar nicht groß gewesen sein. Doch es können lange Wege und weite Strecken auch dann gewesen sein, wenn alles sich scheinbar am selben Ort abspielte. Sie wanderten durch die Welt. Manchmal wohl zögernd, manchmal voranstürmend. Meilen um Meilen. Nicht, als sei sie ihnen vorgegeben gewesen, als hätten sie die Welt nur auszugehen brauchen. Sie fanden sie vor und haben sie sich doch zugleich im Wandern selbst erst gemacht.

Die Meilen und Meilen lassen einen Menschen altern. Sicherlich sind das auch Zeiten, aber Zeiten nicht im Sinne eines Zeitmaßes, nicht als zählbare Jahre, sechzig oder siebzig oder achtzig, sondern als *Zeiträume*, in denen sich etwas – oder auch scheinbar nichts – begeben hat, aber durch die man hindurchgegangen ist wie durch Zimmer, Zimmerfluchten, – mal eher Säle, mal eher Korridore, mal licht und geräumig, mal eng und düster, mal leer und mal angefüllt, mit Wichtigem oder auch mit ganz und gar Unwichtigem.

Räume und Zeiten sind da eigentlich nicht voneinander zu trennen. Was an einer sich vollziehenden Bewegung räumlich und was zeitlich ist, ist für das nichttheoretische Verstehen oftmals kaum zu unterscheiden. Da ziehen Raubvögel ihre ruhigen Kreise vor der braunen Felswand, langsam sich immer höher drehend, bis sie sich für den ihnen folgenden Blick deutlich vor dem blauen Himmel abheben. Sicher sind das Räume, die sie durchmessen; aber eben damit auch erfüllte Zeiten, ein Nachmittag, durch den hindurch die Sonne allmählich zur gegenüberliegenden Felswand hinüberwechselt, die Schatten länger werden, eine zurückgelegte Zeit vom Sich-Aufschwingen von einem Felsvorsprung bis zum Sich-Verlieren in der Weite des Himmels.

Zeitlich? Räumlich? Könnte es nicht tatsächlich sein, daß das eine Unterscheidung ist, die in unserer Erfahrung nur in spezifischen Zusammenhängen relevant wird, sonst aber abstrakt und künstlich ist? Ist die Auskunft, es sei eben eine metaphorische Redeweise, wenn da von den altern lassenden Meilen des Wanderns durch die Welt gesprochen werde, nicht sehr unbefriedigend? Der intendierte Gegensatz ist vermutlich nicht so sehr der zwischen Zeit und Raum als der zwischen einem äußerlich auferlegten Maß und dem Selbstdurchgangenhaben. Und dieses eigene Gehen ist ein ungeschieden räumlich-zeitliches.

„Die Meilen und Meilen, die er durch die Welt gewandert war". Das gelebte Leben, Stein und Stern, erschließt sich je und je im Rücken des Wandernden, da, wo er herkommt. Es wird zu einem Sinn, der ursprünglich nicht da war, der sich ergibt, indem die Strecken des Lebens zurückgelegt werden. Und auch zu den Seiten zeigen sich Räume, z.B. Wege, die der Wandernde gerade nicht gegangen ist, die er links liegen gelassen, teilweise gar nicht gesehen hat. Oder die ihm verwehrt wurden. Da gibt es Bereiche, die er mißachtet, andere, auf die er verzichtet hat. Und Richtungen, die vor ihm lagen, ein Stern, dem er gefolgt ist, ein Ausgang, den er gefürchtet oder erhofft hat.

„Eine Reise von tausend Meilen beginnt mit einem Schritt." (Laotse, Tâo-Te-King, LXIV) Schon das Geborenwerden ist ein erster Schritt der Wanderung, zunächst des Herauskommens und des Ankommens, und doch auch schon des Sich-aufmachens auf den Gang durch die Welt. Mehr oder weniger geleitet, mehr oder weniger behütet, mehr oder weniger „eins an der Hand des Anderen". Aber ein Gang, den gerade dieser Mensch, und nur er, durch die Welt wandert, ein Weg, den er sich, wie vorgezeichnet durch Umstände und Chancen er auch immer sein mag, selbst bahnt, indem er ihn geht. Mich haben immer die Pfade fasziniert, die nicht ausdrücklich gebahnt, d.h. angelegt, gebaut werden. Die sich vielmehr eben dadurch ergeben, daß Menschen sie gehen, Hirten z.B. in den Bergen, oder Wanderer, auf dem Weg zu einem Felsen, einem allein stehenden Baum. Oder auch Pfade, die zuerst das Wild tritt, etwa zu einer Wasserstelle, und die dann von Menschen mitbenutzt werden.

Jede Erfahrung, glücklich oder schmerzlich, jedes Lernen, jede Hoffnung und jede Enttäuschung sind Schritte auf dieser Wanderung. Und insgesamt sind eben sie das Altern. Ein Altern, das mit dem ersten Tag der Geburt, der ersten Stunde nach der Empfängnis beginnt. Die Welt bleibt nicht hinter den Schritten zurück, sie wird nicht einfach abgelegt mit jeder neuen Meile, der Raum „im Rücken" wird vielmehr immer größer und ist doch eigentlich nicht bloß im Rücken, er weitet sich zu einem Leben, das war und zugleich in eigentümlicher Weise noch ist, – und immer noch anders wird, durch die Horizonte, die sich noch auftun, die unvermuteten Ausblicke – und seien sie auch Rückblicke –, die sich noch zeigen. Und doch hat das, was wir im engeren Sinne das Alter nennen, das gegenüber dem bisherigen Leben Neue, daß es nicht in erster Linie auf ein Weitergehen ausgerichtet ist, sondern eher auf ein Dasein, sogar ein Angekommensein. Es schöpft aus dem, was war, und schafft nicht so sehr das, was sein wird. Die Meilen und Meilen fügen sich allmählich zu einem bewohnten Raum, – einem Raum, der sich allein noch dem Weg des „letzten Ganges" öffnet, einem Gehen also, das endgültig weggeht.

Die Welt ist das Haus, das die Sterblichen bewohnen. Die Weite des Hauses der Welt ist auch die Weite zwischen Geburt und Tod, – nicht als Strecke zwischen zwei begrenzenden Enden, sondern als ein weiter Raum, der einerseits seine Fülle und Weite von seinen Enden her hat, diese aber zugleich aus sich her sein läßt und hält. Der Tag hat zwölf Stunden, dann kommt schon die Nacht. Die Dämmerung, das Nahen der Dunkelheit steht auch für das Nahen des Todes im Älterwerden. Der Tag des Lebens nähert sich der Nacht des Todes. Der Abend ist so auch die Zeit des – allmählichen oder schnellen – Zuendegehens und Übergehens, die Zeit des Abschieds und der Trennung.

VI.

Todeslust
Bevor er in die blaue Flut gesunken,
Träumt noch der Schwan und singet todestrunken;
Die sommermüde Erde im Verblühen
Läßt all ihr Feuer in den Trauben glühen;
Die Sonne, Funken sprühend, im Versinken,
Gibt noch einmal der Erde Glut zu trinken,
Bis, Stern auf Stern, die Trunkne zu umfangen,
Die wunderbare Nacht ist aufgegangen.
(Eichendorff)

Ein erstaunliches Gedicht. Durchdrungen von einem zweifachen unausgesprochenen Jubel und Glück.

Zunächst: die Trunkenheit der über- und ausströmenden Fülle. Ein Träumen, ein Singen – und dann ein Sinken. Bis in die Reime hinein erinnert das an jenen König in Thule, der „letzte Lebenslust" trank, um den goldenen Becher dann, sterbend, in den Abgrund zu werfen. Der Todesgesang des Schwans ist oft schon als das Bild des sich in einen höchsten Augenblick sammelnden Lebens und Lebensglücks angesprochen worden.

Die Trauben locken reif im festlich prangenden Weinlaub. Noch einmal glüht die sommermüde Erde in ihnen auf, in ihrem Saft bereitet und bewahrt sie das Feuer des Sommers für sehnsüchtig-trunkene Stunden im grauen Winter.

Herbst des Jahres, Abend des Tages. Doch noch einmal versprüht sich die Sonne in goldenen Funken und macht die Erde glühen, macht sie trunken von ihrem herbstlich leuchtenden Licht. Nie sind die Sonnenuntergänge so warm und so golden wie in dieser Zeit.

Jeweils meldet sich in der blühend-glühenden Fülle bereits das Ende. Der todestrunkene Schwan im Augenblick des Sinkens in die blaue Flut, die von allzuviel Sommer müde gewordene Erde in den glühenden Trauben, die golden hinter den Horizont versinkende Sonne. Jeweils weckt gerade das Enden noch einmal ein Übermaß an Da-scin, an sich selbst verströmendem Glück. Aufblühen und Aufglühen – und Versinken, Ende des Lebens, des Sommers, des Tags, Abschied des Lichts.

Und dann: die wunderbare Nacht ist aufgegangen. Das spricht wie aus einer Atemlosigkeit, die sich in eine tiefe Gelassenheit zusammennimmt und auflöst. „Aufgegangen" pflegen wir sonst von einem Licht zu sagen. „Der Mond ist aufgegangen, die goldnen Sternlein prangen". Aufgegangen – das bedeutet Anfang, Heraufkunft, Zuversicht. Die Nacht geht auf im allmählichen, ruhigen Aufleuchten der Sterne, eine wunderbare Stille und Klarheit, die die trunkene Erde zu besänftigen vermag und zur Ruhe kommen läßt. Die Nacht umfängt die Erde im stillen Kuß des Himmels. Bei dieser Nacht gilt nicht mehr, daß sie zwölf Stunden währt und dann schon der Tag kommt. „Die wunderbare Nacht ist aufgegangen", – das ist wie ein majestätischer, endgültiger Schlußakkord, in den sich alles Glück sammelt und alle Müdigkeit vergeht.

Das Gedicht trägt die Überschrift: „Todeslust". Die „letzte Lebenslust" – Lust des Todes. Kann der Tod eine solche Lust machen, ein solches Glücksversprechen sein? Und „alle Lust will Ewigkeit ...", – vielleicht die „tiefe, tiefe Ewigkeit" der wunderbaren Nacht? So sprach Zarathustra: „Kommt! Kommt! Kommt! Laßt uns jetzo wandeln! Es ist die Stunde! laßt uns in die Nacht wandeln!" (Das trunkne Lied)

VII.

Es leuchtet auf
wie es wieder verlischt,
das Glühwürmchen.
(Chine, Todesvers)

Weiße Pflaumenblüten –
fast ist die Nacht schon
hell geworden.
(Buson, Todesvers)

Zweimal ein Leuchten, ein abendliches und ein nächtliches, vielleicht in der Morgendämmerung. Das kurze Aufblinken des Glüh-
würmchens, das seine unsichere Leuchtspur durch das Dunkel zit-
tern läßt. Und das langsame Aufstrahlen der weißen Blütenblätter
des Pflaumenbaums, die sich immer deutlicher und klarer aus dem
Dunkel der Nacht herausheben und den Tag vorwegzunehmen
scheinen.

Ein wenig ähneln die aufblitzenden Glühwürmchen den fun-
kelnden Sternen, den fernen Lichtern eines Dorfes in der nächtlichen Landschaft oder den Positionslichtern der Fischerboote auf
dem Meer. Jeweils ist das Umgebende, der Raum der Nacht, an
ihm selbst unsichtbar, jeweils scheint er erst durch die aus ihm
aufblinkenden Lichter seine Räumlichkeit und Materialität zu erhalten, wird er – als Dunkel – sichtbar, als das, was zwischen und
hinter jenen und um sie ist und doch auch nicht ist. Doch anders
als diese Lichter haben die Glühwürmchen keine Ständigkeit, ihr
Ort oder ihr Weg sind nicht eindeutig und nachvollziehbar. Sie
sind wie Irrlichter, jetzt hier, gleich wieder dort, meist gar nicht als
die selben im Blick zu behalten.

Flüchtiger, augenblickshafter kann ein Leuchten kaum gedacht
werden. Selbst da, wo wir ein einzelnes Lichtchen eine Zeitlang
mit den Augen verfolgen können, am Strand etwa, vor den schwarz
anrollenden Wellen, oder zwischen dunklen Bäumen, da hat es etwas merkwürdig Unsicheres oder Unstetes; man sieht ihm gleichsam an, daß es jeden Moment wieder verlöschen und – vielleicht
ja, vielleicht nein – woanders wieder aufleuchten kann, ganz nah
oder schon fern. Wenn, wie zu vermuten ist, Chine in diesem Todesvers ihr verrinnendes Leben ins Wort fassen will, so spricht sie von
einer doppelten Vergänglichkeit: das Dasein selbst ist von Nicht-

sein durchsetzt, kommend und gehend, aufscheinend und verschwindend, zugesprochen und negiert. Und so wie es in seinem Sein seiend und nichtseiend ist, so ist sein Sein selbst in Nichtsein hinausgehalten, der Zeitraum seines Auf- und Verscheinens ist begrenzt. Leuchtet es jetzt auch noch immer wieder hervor, wird es doch bald ganz verlöschen, wird wie nicht gewesen sein.

Ganz anders das Leuchten der Pflaumenblüte in der Nacht. Ein anderes Lebensgefühl, ein anderes Todeswissen. Die Blüte scheint als ein wegweisendes Zeichen, das, erstaunlicherweise, in die Helle zeigt. Aus dem Dunkel der Nacht, die vielleicht lange schien und in der Weg und Steg oftmals nicht zu sehen waren, ergibt sich eine zarte Helligkeit, die hinausweist und zuversichtlich macht. Die weißen Pflaumenblüten waren zwar auch zuvor schon da, doch hoben sie sich nicht von dem Umgebenden ab; vielleicht kann man sagen, daß sie in jenem geborgen waren, einbehalten in die dunkel bleibende Gestalt des blühenden Baumes, der in der Nacht sein Leuchten verbirgt. Doch in einer Vorahnung des ersten Lichts der Frühe beginnt das Weiß sich sehen zu lassen, und es zeigt hinaus aus der Nacht und der Finsternis in ein eigenes Licht und eine eigentümliche Offenheit, in der der zuvor Verwirrte klar zu sehen beginnt und nach Hause findet, in die Zuversicht des heimatlichen Hauses, das ihm sein Tod ist.

VIII.

Heut steht der Tod vor mir,
Wie die Genesung vor dem Kranken,
Der ausgehn soll nach seiner Krankheit.

Heut steht der Tod vor mir,
Wie Duft von Myrrhen,
Wenn man unterm Segel sitzt im Wind.

Heut steht der Tod vor mir,
Wie der Geruch von Lotosblüten,
Wenn man am Ufer sitzt der Trunkenheit.

Heut steht der Tod vor mir,
Wie ein betretner Weg,
Wie eines Mannes Heimkehr aus dem Kriege.

Heut steht der Tod vor mir,
Wie man sein Haus zu sehen wünscht
Nach langen Jahren der Gefangenschaft.
(Eine alte ägyptische Hymne, in: Lyrik des Ostens)

Wer von uns heute dächte an den Duft von Myrrhen und den Geruch von Lotosblüten, wenn ihm der Tod in den Sinn kommt? Gelassen und sicher spricht sich in diesem Hymnus die Wahrnehmung des Nahens des Todes aus. Nicht eigentlich ein weltmüdes Todessehnen, auch kein weises memento mori, schon gar kein Erschrekken. Er wird begrüßt, wie man einen freundschaftlich erwarteten Gast begrüßt, ohne Angst, aber auch ohne Jubel. Der Tod steht da – als das, was er ist, in einfacher Klarheit. Er bedeutet Aufbruch und Heimkehr zugleich, Ankunft und Ausgang. Das Haus, in das man nach langen und wechselvollen Wegen, nach Krieg und Gefangenschaft, einkehrt. Und die Reise, auf die man sich begibt, wenn die Winde günstig wehen, die Krankheiten überwunden sind. Zugleich von Wohnen und Wandern im Duft von Myrrhen und von Lotosblüten.

Diese Abwesenheit von Todesfurcht und Trauer erinnert an bestimmte etruskische, kretische und griechische Darstellungen, die mit dem Tod zu tun haben. Dort ist allerdings weniger von Klarheit zu sprechen als von Lebensfreude, bis hin zur Ekstase. Starke erotische Szenen, bewegte Tierdarstellungen, glückliche Bilder aus dem täglichen Leben feiern den Tod als vollendende Erfüllung des Lebens. Angesichts der Abbildungen auf den Platten des griechischen Grabes in Paestum empfindet man fast so etwas wie eine Lebenslust des Todes. Die Innenseiten zeigen festliche Szenen eines Symposiums – die bekränzten Trinkenden und Liebenden auf ihren Ruhelagern nach dem Mahl – und der Einführung des jung Gestorbenen in das Reich der Toten. Am erstaunlichsten ist das Bild auf der Innenseite der Deckplatte, der Kopfsprung des schönen nackten Jünglings in die Fluten des Acheron, am durch die Säulen des Herakles angedeuteten Ende der Welt. Der Tod und seine Wohnung, das Grab, ist nichts Grausiges oder Düsteres, die Darstellungen vermitteln vielmehr die Vorstellung eines Ortes heiterer Gelassenheit. Das Ende scheint nicht so sehr den traurigen Abschied vom Leben, noch weniger den Übergang in die Freuden eines das irdische Sein übertreffenden Jenseits zu bedeuten als vielmehr die Erfüllung des irdischen Lebens selbst.

Denken wir angesichts der lebensvollen Schilderung der Ankunft des Todes im ägyptischen Hymnus und der sprühenden Lebendigkeit jener Grabbilder einen Augenblick an die christlichen Aufbahrungsriten mit ihrem feierlichen Dunkel, mit Kerzen, Orgelspiel und Liliengeruch, oder z.B. an die elegischen, verklärend-tragischen Darstellungen der Toten und ihrer trauernden Hinterbliebenen auf manchen alten Friedhöfen. Welche Welten zwischen den unterschiedlichen Todes- und damit auch Lebensauffassungen der Sterblichen zu unterschiedlichen Zeiten und an unterschiedlichen Plätzen der Erde!

Die wunderbare Nacht ist aufgegangen. Das mag uns als ein Traum erscheinen. Allzuoft kommt der Tod ganz anders. Grausam oder elend, gewaltsam oder müde, unversehens oder quälend langsam. Wie ist es dann mit dem Duft von Lotosblüten und von Myrrhen? Darauf weiß ich nichts zu sagen. Ich kann höchstens darauf hinweisen, daß das weder Eichendorff noch dem altägyptischen Dichter und den ostasiatischen Weisen noch den Malern der Kreter, Griechen und Etrusker verborgen geblieben sein dürfte. Und dennoch sangen und malten sie aus der Erfahrung des Aufgehens der wunderbaren Nacht.

Konnten sie es, weil sie vermochten, mit dem Kopf über den Himmel zu gehen, während sie die Meilen und Meilen durch die Welt wanderten? Weil sie lange schon gelernt hatten, sich im Wohnen und Dasein nicht festzuhalten und sich im Wandern und Weggehen nicht zu verlieren? Und weil sie es vermochten, angesichts des rätselhaften Sprechens der Schlange mit ihr zusammen zu schweigen?

IX.

... aber bei dem Geräusch, das ich machte, ließ sich die Schlange sachte in den Sand zurückfallen, wie ein ersterbender Wasserstrahl, und ohne allzu große Eile glitt sie mit einem leichten metallenen Klirren zwischen die Steine.
(Der Kleine Prinz, 112)

Für mich ist das, gerade in seiner Unscheinbarkeit, ein Bild von wunderbarer Ruhe. Eben weil die Schlange, die dem kleinen Prinzen gerade seinen Tod versprochen hat, die unauflösbare Spannung zwischen Leben und Nicht-mehr-leben in sich trägt, ist ihr ruhiges Weggleiten so versöhnlich, und zugleich doch auch so erschütternd. Sachte – langsam und leise – gleitet sie in den Sand zurück, mit einer stillen Selbstverständlichkeit. Auch noch der kleine Laut, den ihr Davongleiten macht, ist in der Stille gehalten, wie dann, in der kommenden Nacht, auch noch das Aufblitzen ihres Bisses fast in der Unsichtbarkeit verbleiben wird.

Die Wüste wird zum Raum der Begegnung mit dem, was der Tod ist. Der kleine Prinz hat Angst: „Ich fühlte sein Herz klopfen wie das eines sterbenden Vogels". (112) Doch zugleich lächelt er schwermütig und lacht sanft. In der Außergewöhnlichkeit der Nähe des gewollten und doch ängstigenden Sterbens werden die Gefühle und deren Äußerungen wie auch die Gesten zu zarten Andeutungen und behutsamen Winken, und der Blick verliert sich in weiter Ferne. (114)

Die unsagbare Verwundbarkeit und Zerbrechlichkeit des Irdischen liegt in dem Durchwirktsein des Gewebes des Seienden mit Nichtsein; der Kettfaden des Seins ist Nichts. Die Zerbrechlichkeit ist im Grunde eine Durchlässigkeit, eine Durchsichtigkeit – auf das hin, was alles durchwirkt: Nichts.

Zitierte Literatur

Gaston **Bachelard**, Poetik des Raumes, München 1960.

Gottfried **Benn**, Der Ptolemäer. Der Glasbläser, Prosa und Autobiographie in der Fassung der Erstdrucke, Frankfurt/M. 1984.

Carlos **Castaneda**, Die Lehren des Don Juan. Ein Yaqui-Weg des Wissens, Frankfurt/M. 1973.

Paul **Celan**, Der Meridian, Rede anläßlich der Verleihung des Georg-Büchner-Preises 1960, Frankfurt/M. 1961.

Erman, Lyrik des Ostens. Gedichte der Völker Asiens vom Nahen bis zum Fernen Osten, München/Wien 1978.

Antoine de **Saint-Exupéry**, Der Kleine Prinz, Düsseldorf 1992, übers. v. Grete und Josef Leitgeb. (Ich habe die Übersetzungen teilweise leicht verändert.)

Antoine de **Saint-Exupéry**, Wind, Sand und Sterne, in Gesammelte Schriften, Bd.1, Düsseldorf 1959.

Haiku, Aus der Vielzahl der Haiku-Ausgaben seien drei genannt:

Haiku, Japanische Dreizeiler, übers. v. Jan Ulenbrook, Stuttgart (Reclam) 1995.

Haiku, Japanische Dreizeiler, Neue Folge, übers. v. Jan Ulenbrook, Stuttgart 1998.

The Essential Haiku. Versions of Bashô, Buson & Issa, hsg. v. Robert Hass, Hopewell, New Jersey 1994.

Georg Wilhelm Friedrich **Hegel**, Die Vernunft in der Geschichte, Hamburg 1955.

Martin **Heidegger**, Aufzeichnungen aus der Werkstatt, in: Ges. Werke, Bd. 13, Frankfurt/M. 1983.

Martin **Heidegger**, Gelassenheit, in: Gelassenheit, Pfullingen 1957.

Martin **Heidegger**, Zur Erörterung der Gelassenheit, in: Gelassenheit, Pfullingen 1959.

Martin **Heidegger**, Bauen Wohnen Denken, in: Vorträge und Aufsätze, Pfullingen 1954.

Martin **Heidegger**, Aus der Erfahrung des Denkens, in: Ges.Werke, Bd.13, Frankfurt/M. 1983.

Martin **Heidegger**, Der Satz vom Grund, Pfullingen 1957.

Martin **Heidegger**, Was heißt Denken?, Tübingen 1954.

Martin **Heidegger**, „... dichterisch wohnet der Mensch ...", in: Vorträge und Aufsätze, Pfullingen 1954.

Martin **Heidegger**, Hebel der Hausfreund, Pfullingen 1957.

Jack **Kerouac**, Gammler Zen und Hohe Berge, Hamburg 1980.

Sören **Kierkegaard**, Gesammelte Werke, Zehnte Abteilung: Philosophische Brocken, Johannes Climacus oder De omnibus dubitandem est, Düsseldorf/Köln 1952.

Laotse, hrsg. von Lin Yutang, Franfurt/M 1955.

Friedrich **Nietzsche**, Also sprach Zarathustra, Krit. Gesamtausgabe, hrsg. von Giorgio Colli und Mazzino Montinari, VI. Abt., Bd.1, Berlin 1968.

Walter F. **Otto**, Die Götter Griechenlands, Frankfurt/M 1961.

Richard **Sennett**, Civitas. Die Großstadt und die Kultur des Unterschieds, Frankfurt/M 1991.

Leslie Marmon **Silko**, Der Almanach der Toten, Hamburg 1994.

Peter **Sloterdijk**, Zur Welt kommen – Zur Sprache kommen. Frankfurter Vorlesungen, Frankfurt/M. 1988.

Peter **Sloterdijk**, Weltfremdheit, Frankfurt/M 1993.